二战浪漫曲 WORLD WAR II ROMANCE

二战中的王牌间谍

◎李乡状等 / 编著

WAR II SPYMASTER

UNITY PRESS 团结出版社

图书在版编目（CIP）数据

　　二战中的王牌间谍 / 李乡状等编著. -- 北京：团
结出版社, 2014.1（2022.11重印）
　　ISBN 978-7-5126-2344-6

　　Ⅰ.①二… Ⅱ.①李… Ⅲ.①第二次世界大战—间谍
—情报活动—史料 Ⅳ.①D526②K152

　　中国版本图书馆CIP数据核字(2013)第302436号

出　　版：团结出版社
　　　　　　（北京市东城区东皇城根南街84号　邮编：100006）
电　　话：（010）65228880　　65244790（出版社）
　　　　　　（010）65238766　　85113874　　65133603（发行部）
　　　　　　（010）65133603（邮购）
网　　址：http://www.tjpress.com
E-mail：zb65244790@163.com（出版社）
　　　　　　fx65133603@163.com（发行部邮购）
经　　销：全国新华书店
印　　刷：三河市华晨印务有限公司

开　　本：710毫米×1000毫米　　16开
印　　张：15
字　　数：170千字
版　　次：2014 年 1 月　　第 1 版
印　　次：2022 年 11 月　　第 4 次印刷

书　　号：978-7-5126-2344-6
定　　价：68.00 元

前言
QIANYAN

　　在第二次世界大战中,世界反法西斯斗争的舞台上留下了许多可歌可泣的动人故事。从元帅到士兵,人们同仇敌忾,为着民族和人民的利益和正义的事业,不惜抛头颅、洒热血,与敌人奋战到底。他们当中有隐秘战线的无畏英雄,有在正面战场上奋勇搏杀的热血男儿,有统帅千军万马的睿智将领,也有策动局势的领袖元首。那些发生在他们身上种种带有传奇色彩的事件至今仍然广为人们所传颂,战争的铁血和历史的壮阔更是为这些曾经的故事增添了一份令人回味无穷的浪漫。

　　客观来说,"二战"的发生是人类历史上的一场浩劫,它使全世界大多数地区的国家都遭受到了战火的洗礼,令无数军民饱尝了它所带来的磨难;然而,"二战"的胜利却又无疑是人们一次无可比拟的伟大成就,是它将全世界人民团结战斗打败法西斯军国主义的胜利与和平的丰碑,永远树立在了历史的漫漫长路上,父辈的血汗与呐喊凝聚在这里,为我们这些后人留下了一处值得永远敬仰和继承的精神——在亚洲、在非洲、在欧洲,世界各国人民团结在反法西斯同盟的旗帜下展开了对德、意、日、法西斯轴心国的殊死战斗。从1933年到1945年,世界范围内的反对法西斯斗争此起彼伏。终于,正义战胜了邪恶,向往和平与正义的人们赢得了最后的胜利。

　　在二十一世纪的今天,那段历史已然离我们远去了,曾经高呼的口号被淹没在平淡的生活当中,战火的痕迹被新建起的楼房与街道所掩盖。战争的记忆从我们身边消失已久,然而,即便如此,今天的我们也仍然能够不时从书籍、报刊和人们的口耳相传中听到那些似乎已经远去的名字与词语:敦刻尔克大撤退、不列颠空战、斯大林格勒保卫战、解放波兰、攻陷柏林……这些泛着陈旧之色的字眼或许被提及的时候给人的感觉或许已经不能像几十年前那样容易引起热血的激荡和讨论的兴味。但是当我们翻开书本,重新咀嚼起它们身后的那些故事,胸中却还是无法抑制地会泛起对历史那份无尽浩荡与雄浑奥壮的回味悠长。

是否还记得,莫斯科郊外以血肉之躯抵挡坦克的最后呐喊;敦刻尔克海岸上为同袍撤离而顶着炮火与炸弹袭击的顽强阻击;在伦敦上空对敌人如黑云般压来的轰炸机群从飞机炮口中喷出的怒火;昔日北非名将隆美尔与蒙哥马利率领部队殊死作战的阿拉曼战场上,如今伴着双方遗留下来无数地雷形成的"魔鬼花园"的,只有在沙漠公路两旁绵延久远的无名战士墓……

麦克阿瑟曾经说,老兵不死,他们只会渐渐湮没(在人群中)。当战争离我们远去之后,那些与战争有关的人们和他们的事迹也被生活中更加贴近我们的种种信息所渐渐掩去。而事实上,无论辉煌抑或黑暗,这些值得了解的过往都不应该在我们的记忆中以一个毫无内容的名词的形式一直蒙尘,直到死去。从这些故事当中,我们能够学习和获得许多生活中可能永远无法接触到的智慧,以及情感。

本书通过对历史史实的详细阐述,从战争的过程当中甄选出一系列不同身份的角色。通过从不同的角度,不同的立场和不同的身份进行讲述和介绍,使一大批鲜活的人物跃然纸上,他们的事业,生活,伴侣,友人,仇敌以及经历都以一种更加贴近人性的视角被展现出来,便于读者们更好地带入到角色的感受当中去,更贴切地去解读和掌握书中所介绍的这些活跃于那个特殊年代的人们。

本套丛书当中不仅介绍了我们时常听闻的那些在第二次世界大战中声名在外的著名将领和领导人的事迹和经历，也包含了对那些工作在隐秘战线，工作在敌人心藏中的无名英雄的描写，让我们能够从更全面的角度来对二战时代的局势与当时不同阵营和国家人们的世界观进行了解，相辅相成地为每一位相关的人物在印象中描绘出一个更加贴近现实的生活与境遇背景，还原出一个个与历史百科介绍中那些冰冷文字构筑下不一样的人物形象。

　　本书力求以历史原貌真实再现历史史实，呈现在读者面前。如果存在某些描写过甚或与真实历史出入之处，敬请各位读者朋友批评指正。

2013.12.26

目录
MULU

艾尔弗莱德·夏普 …………………………………………… 1

奥古斯丁·普热乌奇尔 ………………………… 54

格里芬 ………………………………… 107

胡安·普吉·加西亚 ……………………… 183

艾尔弗莱德·夏普

1896 年 1 月 23 日，艾尔弗莱德·夏普出生于加拿大温尼伯湖地区。时势造英雄，在战争的舞台上涌现出很多杰出的情报人物，艾尔弗莱德·夏普无疑是第二次世界大战舞台上的一颗璀璨的情报明星。身为王牌飞行员、间谍、英国谍报的首脑，他的经历让熟悉他的人感到惊诧不已。艾尔弗莱德·夏普原是加拿大富豪，亲历第一次世界大战，多次遭遇危险，身受创伤。二十年代起，他开始投身于无线电和破译密码的事业，进而参与到情报工作中。二战爆发后，他亲赴北欧，多次执行危险任务。

生日对于每个人来说都是重要的时刻。然而,对于别人来说却是极普通的日子。1896年1月23日,艾尔弗莱德·夏普出生于加拿大温尼伯湖地区。那里气候宜人,风光秀丽。就在殷实富足的家庭环境中,艾尔弗莱德度过了美好的童年。

时势造英雄,艾尔弗莱德无疑是第二次世界大战舞台上的一颗璀璨的情报明星。身为王牌飞行员、间谍、英国谍报的首脑,他有着复杂的经历。艾尔弗莱德原是加拿大富豪,亲历第一次世界大战,多次遭遇危险,身负重伤。在战争的炮火硝烟中,艾尔弗莱德是以技术见长的战士。他投身于无线电和破译密码的工作,从事情报间谍活动。二战爆发后,艾尔弗莱德视民族的利益高于一切,出生入死,在敌后成为一名出色的间谍。他多次亲赴北欧,执行各种危险任务,每次都能化险为夷,巧妙地与敌人周旋,不断地胜利完成任务。

二战期间,他是英国情报机构负责西方国家情报搜集的最高指挥者。由于他工作努力,深得丘吉尔首相的赏识,后来他被派到罗斯福总统身边执行任务,由于他的业务水平高超,联邦调查局同英国情报局之间的合作变得更为亲密,工作的关系,他成为穿越大西洋彼岸的空中飞人。良好的人际关系和工作的努力,为他后来的谍报工作打下了基础。

在世界间谍史上,艾尔弗莱德的名字是响当当的。他曾在加拿大建立了北美地区第一所专门培养战时间谍人才的学校——X训练营,亲自培养过众多的优秀学生。这个学校是二战史上最有名的谍报学校,这个学校培养出了一大批优秀的特工。在二战的舞台上,他们为盟军服务,多次扭转战争格局。有许多人身处危险地带,为盟军提供了重要情报,使许多战役得到了改变,也为盟军在战场上减少了很多不必要的伤亡。X 训练营成为二战盟军的谍报工作中的"西点军校"。在他的学生当中,有 5 位先后担任过美国中央情报局的局长。还有一些间谍在隐秘战线默默地为盟军做着谍报工作,也有一些人牺牲在二战的战场上。X 训练营的学生们,在学校里不仅学习了军事理论课程,还身体力行,经过许多艰苦的训练,使得他们始终坚守着心中的正义,毕业后活跃在多个大洲的敌后战场。战后 1945 年底,艾尔弗莱德从纽约离开,回到加拿大,在新的舞台上再创奇迹,成为实业界商业巨子。

身为情报界的风云人物,艾尔弗莱德身手不凡,在二战中曾掀起滔天巨浪。因为是他阻止了希特勒把原子弹投向战场。艾尔弗莱德尽职尽责地执行任务,聪明机智地避开危险,异常巧妙地获取情报,这也使他的间谍生涯赋有一些传奇色彩。

要说到艾尔弗莱德的情报生涯,就不得不提起一个叫斯贝的人。正是因为他和斯贝有着共同的正义感,不断地把一些重要情报提供给英国的决策机关,才使得战争中英国有了相对的主动权,为赢得战争的最后胜利提供一定的信息保障。

曾经在报社工作的斯贝,有着幸福的家庭和良好的工作。第二次世界大战彻底打破了斯贝生活的宁静与美好。他经常遭受纳粹的排挤,使得他从内心里抵制纳粹,并开始做一些收集纳粹情报资料的工作,希望有一天能够有所作为。于是,斯贝开始搜集纳粹有关于政治、经济和文化等方面的数据。他的做法很快被纳粹发现,就在纳粹开始了解他的情况时,斯贝为了逃避迫害,只身来到伦敦。机缘巧合之下,结识了艾尔弗莱德。这使斯贝掌握的情报让艾尔弗莱德知晓。

间谍的工作有时看起来平淡无奇,有时重要的情报往往就来自于平淡无奇的故事。1936 年 4 月,离乡背井的斯贝几经辗转终于找到艾尔弗莱德,并把手中掌握的资料交给他。在这些资料中,艾尔弗莱德仔细阅读后发现了其中的秘密:德国的军费开支竟然被隐藏了 8 亿英镑。种种迹象表明德国人没有遵从《莱茵河协定》,希特勒正在扩展军备,招兵买马,军事力量的增强,使得希特勒称霸世界的野心更加膨胀,第二次世界大战一触即发。这个消息,对于敏锐的特工艾尔弗莱德来说,是极其重要的信息。

艾尔弗莱德和斯贝商讨着,这么重要的情报得需要马上处理,他们决定去向首相丘吉尔汇报。因为得知希特勒扩军的准确情报之后,英国应该积极做好应对的准备工作,把战争的灾难降低到最小。

出发之前,斯贝的内心有些矛盾和犹豫,看着艾尔弗莱德离开的背影,他心里对自己命运的改变下了决心。

艾尔弗莱德秘密地将这份资料交给了丘吉尔,也正是因为这件事,艾尔弗莱德和丘吉尔的联系不断增多。因为,艾尔弗莱德提供的情报为丘吉尔工作的角色起到了重要作用。

多次的工作实践,使得艾尔弗莱德意识到情报的重要性,他将投身谍报的理想告之斯贝,并鼓励他和自己并肩作战。起初斯贝犹豫不决,但经过艾尔弗莱德的耐心细致的工作,斯贝同意加入艾尔弗莱德的队伍。

从事间谍工作必须得有一些合法隐秘的身份作为掩护。艾尔弗莱德以商人的身份开始与世界各国的商界朋友广泛接触。在交往期间,艾尔弗莱德秘密地情报工作,往往能收获到很多有价值的信息。他将这些消息进行整理筛选,再通过秘密途径送至丘吉尔。在他的情报生涯中,其中最精彩的一页便是他成功阻止了德国研究原子弹的进程。

　　战争中,有些来自于对方的破坏往往会造成极严重的后果。1942年9月,一件差点改变世界进程的事情发生了。在希特勒的安排下,德国科学家韦尔纳·海森堡从挪威运来了重水,在随后进行的一系列实验中,一个更具破坏性的武器即将诞生,它就是原子弹!希特勒得知这一消息大喜过望,公布自己已有了杀伤力巨大的秘密武器。英国方面的高层知道了这个消息以后,很快采取了相应的防御措施。可是面对着这样大规模的杀伤武器,防御措施一时还无法下手。就在这时,希特勒已占领挪威,这为掠夺挪威的资源,使用生产原子弹所需要的重水提供了方便。

　　作为间谍的艾尔弗莱德,当然对德国研制原子弹和重水的事情一直密切关注。因为,原子弹关乎成千上万人的生命。作为间谍的艾尔弗莱德,这是他工作的重中之重。经过一段时间的工作,他发现希特勒生产原子弹的重要原料重水的地点是在挪威,他便把工作重心开始转向挪威。

　　这时,其他的情报人员传来的消息正好证明了这一点,英国和美国对希特勒制造原子弹的事情都极为重视。于是,挪威的重水化工厂成为了焦点。德军派了重兵把守,戒备森严,以致于封锁有关重水生产的一切消息。

　　在原子弹生产的过程中,重水在制铀过程中起着重要的作用,它在控制原子核反应方面是理想的减速剂,情报人员的报告中指出,德国物理学家在一次试验中,已经成功地将重水用在原子核反应的减速剂。原子弹的理论在德国的实验室里已经测试成功。

　　如何将挪威的生产重水的工厂以及储存的重水摧毁,成了让丘吉尔和罗斯福挠头的问题。当情报人员再一次传来消息时,德国人正在命令重水工厂加速生产,并投入了大量的人力和物力。这一时期,英国和美国的领导人对这件事情都是十分关注。

在千钧一发的关键时刻,丘吉尔立即召见了艾尔弗莱德。首相交给他一个十分艰巨的任务,那就是阻止德国研究原子弹。接受这个任务以后,艾尔弗莱德自知责任重大,立即组成了关于破坏挪威重水工厂的特战队,在众多的士兵中挑选一批极其优秀的人才,组织起新的特战队。这些特战队员他们个个身怀绝技,在战场上,有以一当十的作战本领。尽管组织特战队具体做什么他们不清楚,可是他们每个人都知道要执行一个极其艰巨的特殊任务。

事先,艾尔弗莱德在德国占领挪威前曾调查过巴伦山,巴伦山是战争的制高点,具有十分重要的战略意义。向挪威前进,他的特战队员开始了新的任务。

首先,艾尔弗莱德通过内线接近了重水厂,他们首先找到了化学博士利夫·多伦斯达德、艾因纳尔·史吉纳兰德、奥德·斯培海姆,开始了解情况。这些科学家都是挪威人,对希特勒的侵略也有着强烈的不满情绪。他们在重水工厂或其附近工作,对当地情况十分了解,并愿意为艾尔弗莱德工作。

希特勒攻入挪威以后,把挪威当成了自己的殖民地,肆意掠夺,这就极大地激起了挪威民众的反抗意识。当艾尔弗莱德找到这些科学家后,他们每个人都愿意冒着生死攸关的性命危险为盟军提供服务。化学博士对艾尔弗莱德描述了生产重水工厂的详细情况。在他们的描述中,艾尔弗莱德得知,重水厂的建筑是坚固异常的土层楼房,建在峡谷的制高点,所有能进出的德国士兵都经过精挑细选。要想穿越重重阻碍,将化工厂毁掉绝非易事。

在一个月朗星稀的夜晚,艾尔弗莱德搭乘一架英国的飞机,飞抵挪威上空,跳伞而下,当年的王牌飞行员再一次展现了他的身手。他孤身一人来到了重水厂附近,经过实地勘察,再加上挪威科学家提供的情报,艾尔弗莱德将这些情报集中整理后,立即告诉丘吉尔首相。艾尔弗莱德的特战队工作卓有成效,他们在挪威与当地的科学家和挪威民众打成一片,矛头直指重水厂。

随着时间的推移,战场的形势不断发生着改变。希特勒不止一次地给重水厂下达了快速生产的命令,使得重水厂重新成为众矢之的。艾尔弗莱德的调查也发现,德国生产重水的速度越来越快。如果德国成功研制了原子弹,不知道世界上又有多少的无辜民众死于非命。收到艾尔弗莱德消息的丘吉尔当即下令:立即向生产重水的工厂发起突袭,尽可能将损失降低到最小。

斯堪的纳维亚山脉穿过整个挪威,接近极地的半岛,气流变化莫测,如果实施空降,每一个山峰都是死亡之峰,因此挪威在整个欧洲国家是最不宜以空降的方式发动进攻的国家。艾尔弗莱德在挪威科学家的帮助下弄到了工厂的图纸,将厂内的重要设施及方位摸清楚,并了解了工厂的戒备情况。他们把特战队员分成几个组,反复演练各自的实战内容,使特战队员每个人都清楚地知道自己的工作情况。就在他们做好准备开始作战的情况下,经过侦查发现,德国人正在组织一次大规模的装运,可能要把存储好的重水一次性运走。特战队员必须改变事先的部署,提前行动。因为如果重水运走,那么柏林那边就会有足够的重水满足他们研究的需要,这样一来,艾尔弗莱德的机会就不多了,时间紧迫,情况紧急,要立即破坏敌人的行动。英国出动两架轰炸机,两架滑翔机,一部分特战队员向挪威进发。其余事先到达挪威的特战队员由艾尔弗莱德指挥,两军合围重水厂。命令下达以后,国内的特战队员,立即向挪威进发,可是飞机刚一接近挪威边境的维莫克,就被德军发现,并击落。幸好德军没有发现艾尔弗莱德特战队的真实意图。被击落飞机的特战队员全体壮烈牺牲。

面对这样的结果,身在挪威的艾尔弗莱德很痛心,行动不仅失败,还损

二战
浪漫曲

失了很多自己精心挑选培养的特战队员。更让艾尔弗莱德感到忧心的是，据最新掌握的消息，德国的情报人员已经在飞机残骸中发现一些线索，据说是一张地图，也许还有其他辅证，敌人的最新举动也表明其非常重视这次行动，连德国驻扎在挪威的最高长官都参与到行动中，亲自去了维莫克，虽然对外宣称视察防务，但实质是纳粹党卫军在附近展开大肆搜捕。

一切都要从头再来，时间已经不多了。艾尔弗莱德叹了一口气，稳定心神，开始从头计划。另一个袭击小组在训练，他们破坏的目标是化工厂的重要设施。

现在已没有任何回旋余地，强化训练完成后，艾尔弗莱德下令马上行动。袭击小组在一个结冰的湖面上降落。由于事先安排了挪威的科学家们作为线人，可是当袭击小组到了以后，线人并没有出现，特战队只好先找个地方隐藏起来。等了将近一个小时以后，线人终于来了，就在准备开始行动时，线人告诉艾尔弗莱德一个情报。原来，情报指出德军错判形势，认为上次空袭的目的是要炸掉地处工厂附近的水坝。因此，很多士兵都被部署在水坝上，只有少数人看守工厂。在战争的关键时期，指挥员的错误判断也许会给整个战斗带来全军覆没的结果。

最后行动的命令下达了：掩护组和爆破组必须要在晚上8点准时执行任务。必须做好必胜的信念，不能有任何走漏消息，如果行动失败，必须做出牺牲的准备。

晚上8点，这些人在艾尔弗莱德的指挥下，特战队向重水厂出发。他们徒步走过了积雪覆盖的森林，踏过多险的雪地，来到了峡谷的底部，再小心翼翼地走过了横在湍急水流上的"冰桥"，爬过冰封的岩壁，躲避了敌人派出的岗哨和监测的警报器。

终于到了距离工厂附近，机器的轰鸣声震耳欲聋，工厂还在生产。艾尔弗莱德果断下令："开始行动！"

特战队员来到工厂大门，将障碍铁链剪断，穿过了封锁区。进入工厂内的队员开始分散，按照事先的部署各就各位，占领有利地势。

由于当初化学博士提供的资料与工厂的现实情况一模一样，所以行动人员很快就找到了安装电缆线的通道。

寂静的夜晚，特战队员在敌人的心脏里，快速推进，做好了一切战斗准备。可是，在没有遇到什么阻力的情况下，特战队员在重水厂的关键地方放置了炸药，一部分特战队员迅速地撤离。就在一切准备就绪之后，一名特战队员迅速点燃了导火索。一瞬间，巨大的爆炸声响彻夜空。霎时间，工厂变成了废墟，硝烟弥漫，特战队员安全撤离。

在这一声沉闷的爆炸声中，预示着花费了德国重大财力物力的重水实验室在几秒钟内就化作了灰烬，重水厂彻底瘫痪了。希特勒研制生产原子弹的计划彻底付之东流。

挪威生产重水的工厂虽然炸毁了。但是此时，在英国和美国全然不知的情况下，正有一艘装着上百吨重水的船驶离挪威港口。因为挪威港口还有重水仓库存在。不过，战场上的胜利使德国人冲昏了头脑，得意忘形的德国人并没有隐藏这一消息，反而在一次宴会上公开说明。远在英国的丘吉尔得知后，态度坚决，绝不能让德国人成功地将重水转移。丘吉尔立即致电艾尔弗莱德，命其想尽一切办法阻止德国重水运输。

接到命令后的艾尔弗莱德重新召回了特战队员，并立刻开始工作。利用在挪威的关系，经过调查打探，终于获知了这批重水航行的路线和时间。将情况告之伦敦后，请求立即全权处理，很快，他的请求得到了批准。

艾尔弗莱德马上着手分析并制定计划。在重水的运输线路上，一共

二战浪漫曲

有 5 个转交点，分别是重水化工厂，修建在廷斯贾克湖边的一个铁路运输口、廷诺塞特、黑罗伊，最后到达德国。现在重水已经在路上，所以排除了一个转交点，如果重水到达廷诺塞特，就要运送到黑罗伊，这段路程脱离了水陆，在地面上进行正面袭击胜算不大，因德军已派重兵把守途经的每一个路口，所以最好的方法是在轮渡到廷诺塞特的这段行程中毁掉这批重水。

毁掉重水的方式自然是炸船。廷斯贾克湖深不可测，若在这里把船炸掉，让它沉入湖底，那么，船上的重水便彻底作废了。不过，为了防止万一，伦敦方面也做了安排，如果艾尔弗莱德的水面行动不成功，一旦重水到达黑罗伊，那就设法袭击装有重水的货车。与此同时，英国空军早已领命待定，在关键时刻，会从空中进行攻击，务必将装有重水的轮船炸沉。

定好方案后，艾尔弗莱德开始做炸船准备。为了确定时间，他们事先在一天夜里来到廷斯贾克湖边，乘坐渡船航行一次，以获取到达深水区的时间数据。再实际勘察以后，艾尔弗莱德就决定在这一时间段进行炸船行动。

他们安装爆炸的炸药必须有足够的威力，才能使整个轮船彻底爆炸。为此，他们选择炸药的同时做了精心的准备。

1944 年 2 月 20 日，德国运有重水的船按照既定的路线在湖面上行驶着，船头的德国士兵小心地观察着周围情况，他们不知道，此时船的底部正在发生一件可怕的事情。艾尔弗莱德的特战队员们潜入水中，安装炸药，调整好引爆装置时间，一切准备就绪后，为了防止暴露，艾尔弗莱德以及特战队员们没有马上逃离，而是分期分批地陆续撤退。使得德兵没有发现特战队员的行动。在轮船底部安装炸药，是一个复杂的工程，由于艾尔弗莱德挑选的特战队员胆大心细，才能在德国士兵的眼皮底下完成了如此重要的任务。

"嘭！嘭！嘭！"爆炸声响起，艾尔弗莱德看着爆炸引发的浓烟，听着隐约传来的叫喊声，他知道自己成功了，心中的一块石头总算落地。仅仅几分钟，德国最后一批用来研究原子弹的材料沉入湖底。

希特勒的原子弹梦最终破灭了，艾尔弗莱德的特工生涯画出了浓墨重彩的一笔。

间谍之于战争的作用人所周知，但对于艾尔弗莱德来说，他除了在谍战工作中取得了辉煌的成绩，更让人意想不到的是，接下来他会开创性的成立一个机构——"中情局"。艾尔弗莱德把战争的实践经验搬入了课堂，使得他间谍工作的经验在特战队员中广为使用，一大批特工人员在艾尔弗莱德的培训之下，走向第二次世界反法西斯战争的战场。

在"英国护照控制官员"这个正式头衔的掩护下，艾尔弗莱德成为了刚刚上任的英国首相丘吉尔的私人助理。丘吉尔认真仔细地分析了当前的局势后，制定了一系列详细的作战计划。据了解，罗斯福上台之后，对美国谍报组织的乱象有很大意见，不仅机构众多，管理不善，而且情报人员龙蛇混杂，高素质人才奇缺。最重要的是各个机构之间尔虞我诈，勾心斗角。长此以往，势必对美国的情报工作发展带来不利因素。

各个情报机构之间长期不和，让罗斯福十分烦躁，但一时间又没有好办法解决，为此，他伤透了脑筋。最后，罗斯福为了能加强直接管理和接触最新情报，秘密地发布了一条信息，命联邦调查局和陆、海军情报部全权接手所有的间谍工作，在拉丁美洲，针对轴心国间谍实施反击行动。这样就使得美国的情报工作的重心重新集中，人员更加简化，分工更为明确，新技术的使用和传统的技巧相互结合，效果非常显著。但

二战
浪漫曲

是，美国现在还需要一个可以全面进行领导的机构，以此来消除由巨大的信息量和管理层变动所带来的不便。

丘吉尔首相就把艾尔弗莱德派去了纽约，将丘吉尔首相的一些想法同罗斯福总统进行交流。从此，艾尔弗莱德进入了美国，开始了新的特工生涯。艾尔弗莱德在纽约做得有声有色，和美方的合作也非常愉快，最重要的是罗斯福总统极其惊讶于艾尔弗莱德的气质和口才，十分欣赏他。心底暗自佩服英国的情报工作。艾尔弗莱德此行的官方身份是丘吉尔派在罗斯福身边的私人代表，任何重大事宜可先与艾尔弗莱德联系，然后再由他和丘吉尔对接。

由于得到了丘吉尔的确认，罗斯福对艾尔弗莱德的才干深信不疑，但是作为政治家，他还有着自己的考虑。所以，一些时候，他并没有把真实想法与艾尔弗莱德进行探讨。但是，由于二战的进程和波及范围之大，远远地超出了所有人的预料。所以，罗斯福怎样启用艾尔弗莱德，必须当机立断。虽然罗斯福对艾尔弗莱德心存防备，但是基于他个人的能力与才干，给罗斯福总统留下了深刻的印象。于是下令，美国联邦调查局将与英国情报局强强联手，接下来将进行一系列最密切的合作。

取得罗斯福的信任，并且促使双方进行情报合作，这仅仅是艾尔弗莱德来到美国首先要完成的任务，对于他来说，这显然不是轻而易举的。那么接下来，艾尔弗莱德将面临严峻的挑战，因为他必须利用这一次难得的机会在美国建立并主管"英国安全协调局"，该机构其实就是英国情报局在欧洲的总部。建成以后，它将成为负责整个美洲以及加勒比海地区的所有间谍调查和情报活动的工作。这使得人们清楚地认识到英国在战争中的地位，他的情报网络也可以就此拉伸到美洲大陆和西半球，乃至全世界。丘吉尔的计划让人感到兴奋，一旦机构建成，各路机密情报以及各种天翻地覆的消息，瞬间就会涌向英国。但是，谁也不能保证情报的准确性和真实性。最重要的是，必须保证不能让艾尔弗莱德的身份暴露，否则整个计划就有可能化为泡影。在充分了解到轻重缓急之后，艾尔弗莱德开始了他在美国联邦调查局的工作。

为了方便与伦敦直接取得联系，联邦调查局准许艾尔弗莱德有一台属于自己的发报机。但是，美国人还是心存芥蒂，并不给他充分的自由施展拳脚。对此，丘吉尔和艾尔弗莱德早就心知肚明，所以他们并没有表现出不满，反而更加低调和沉稳。真正的高手不一定非要把实力展示在一时，只有取得最后胜利的人，才是大赢家。

一个多月过去了，艾尔弗莱德以他优秀的个人素质和专业技能，获得了许多人的赞扬，这使他在调查局的日子逐渐轻松起来，他已经有机会见到政府的高级首脑和军政大臣，通过他们的言行来判断美国下一阶段的战略和工作部署，然后将这些情报传回英国。在合作的利益中，增加胜算的机会。

美国联邦情报局的高级官员很快便单独与艾尔弗莱德对话，邀请他加入美国国籍，为联邦情报局工作，利用他在英国的关系，为美国建立一条欧战战场的秘密情报网络，不论任何条件，美国政府都会尽最大努力满足，这项任务不仅待遇丰厚，而且美国政府会全力保护他的安全，随着战争进程的加快，联邦情报局将会扮演更加重要的作用，那时艾尔弗莱德很有可能担任重要官职。金钱、名誉、地位，接踵而至的财富和发展机会，就摆在艾尔弗莱德的面前，等着他信手拈来。在这个世界上，没有绝对正确的选择，只有是否合适的选择。当我们面前只有一种可能时，那叫身不由己。当有两种选择而拿不定主意时，也许是左右为难。拥有三种及以上的机会时，可谓是真正的选择。此时在艾尔弗莱德的事情上，美国政府对于心理战术的运用简直无懈可击，任何一个人都有可能在那一瞬间背叛自己的信仰，临阵倒戈。艾尔弗莱德没有把这个信息告诉丘吉尔，他知道，此时此刻的每一个人，都怀着高度的戒心，任何可疑的行为都可能导致失去从前所有的信任。但是，艾尔弗莱德心里十分清楚，天下没有免费的午餐，纵观世界历史，几乎没有一个背弃自己祖国的人会有好下场。即使是朋友之间，也不能离经叛道。许以再多的名利或金钱，都是建立在利益的基础上，一旦失去利用价值，这个人也就毫无用途了。曾经的承诺也就变为一句戏言，不能兑现，令人陷入万劫不复之地。所以，最终他没有接受美国的邀请，他不能为了自己而牺牲祖国的利益，他来到这里的目的并不是来窃取美国的情报，而是协助英国情报局在这里与美国同事一起精诚协作，想起在这场战争中遭受苦难和牺牲的战友们，他怎么能离经叛道？因此她没有改变来到这里的初衷。艾尔弗莱德的婉言谢绝，令美国联邦情报局感到有些不快。出于一种职业的习惯和标准，美国人的表现也实属正常，不过他们并没有就此罢休，尤其表现在对艾尔弗莱德生活上的关怀，已经远远地超过了联邦情报局的工作范畴，他们带着艾尔弗莱德出入各种高档、奢侈的娱乐场所，介绍他认识许多交际名媛等，但这一切都没有令艾尔弗莱德做出任何改变。

　　根据双方的协议，美国联邦调查局有一项十分重要的任务，就是协助海岸警卫队防止英国轮船在美国港口遭到破坏，除军用武器、放射性污染以及病毒实验品等一系列禁止在美国登陆的船只，其他均被联邦调查局给予无偿以及最大程度的看护和保密。而艾尔弗莱德当前的任务就是对在美国登陆的英国船只上的物品及时清点和上报，全力保障货品的安全。艾尔弗莱德还有一个重要的任务就是需要在美国境内截获邮政系统的可疑信件，第一时间判断或者破译其中的内容。这时候，特工人员就会根据实际情况，从邮局内部将可疑信件盗出，交给艾尔弗莱德，随后将机密文件直接转给英国，同时对军方的情报机关保密，这主要是考虑到美国军方内部分歧较大，在有些问题的决策上并不愿意同英国交流。当然，英国作为回报，需要定期培训美国特工窃取信件技术，因为，联邦调查局在与英国情报局的合作过程中，惊奇地发现他们十分善于从获取的情报中破译和搜寻重要线索，以此来推断对方的工作计划，而且准确率极高，隐蔽性也很强，没有丝毫痕迹可循。

但是这种双向的合作并没有持续多久，主要原因就是美国联邦调查局局长胡佛在任职期间，联合军界同行不断扩大自己的势力范围，工作重心已经严重偏离最初的线路，调查局内部各个部门之间的争吵和分歧越来越频繁，很多工作被迫延期或者搁浅，很快，针对胡佛的质疑就愈演愈烈，情报局的工作状态每况愈下。这时候，艾尔弗莱德会把自己收集的以及从英国破译的一部分秘密情报交给联邦调查局，这样的状况持续了将近一年，前前后后总共寄送的情报多达 10 万余件。但是由于调查局内部混乱的状态，许多重要的情报都得不到很好的利用，英国情报局对于胡佛领导的联邦调查局极度失望，他们觉得自己辛勤的劳动成果并未得到应有的支持和肯定，所以，在双方合作一年后，终止了协议。

虽然双方的合作早早结束，但艾尔弗莱德由于在过去的一年表现突出，得到丘吉尔的高度信任，故继续以丘吉尔首相"私人代表"的身份，留在美国工作。可喜的是，艾尔弗莱德建立"英国安全协调局"的工作进展十分顺利，他不仅网罗了大批的专业情报人员加入，还在墨西哥以及南美结交了大量一战结束后重见天日的间谍人员，他们很快就都成了艾尔弗莱德的得力助手。在这里必须提到一个人，那就是一战中的战斗英雄——艾尔弗莱德·约瑟夫·多诺万。他是一位出色的律师、外交家、政治领袖，也是一位不可多得的军事人才，他在部队中曾经担任过将军，另外他还是美国的间谍首脑、情报头目。可以毫不夸张地说，他以最敬业的精神和最丰富的经验一手打造了间谍神话，被誉为美国的"情报之父"。多诺万是美国方面派在艾尔弗莱德身边的，充当美国方面的联系人，很多事情都是两个人合作才解决的。英雄相惜，经过接触，两人对很多问题的看法不谋而合。多诺万对美国现在的情报机构水平相当失望，他当时就已经十分厌倦调查局内部的长期纷争，并断言这种情形还将继续下去，他已经多次打算离开，但是由于自己身兼要职，实在无法抽身，所以一直没有达成所愿。艾尔弗莱德深深地被多诺万独特的气质所吸引，两个人一拍即合，成了十分要好的朋友。艾尔弗莱德在多诺万的身上学到许多知识和怎样做一名优秀的具有冷静头脑的间谍，这些都使艾尔弗莱德受益匪浅。多诺万不仅成了他的良师益友，而且还以身作则，时刻坚定着他向前的步伐。

1941 年 6 月 22 日，德国对苏联开战，苏德战争全面爆发。欧洲战场的严峻程度已经令人疯狂，之前的所有判断和推测此时都成了可怜的笑话。要不要继续开设一个情报合作机构，罗斯福还没拿定主意。如果只是撤销，倒不如重新设立一个机构，直接由罗斯福亲自领导，再把重心工作逐步向其转移，这样既稳定了联邦调查局的情绪和热情，也可以重新打造一个更加值得信赖而且技术能力更加纯熟和全面的团队，进而一步步接替甚至直接代替联邦调查局的工作。

历来行事果断的罗斯福这一次也不例外，在美国参谋长联席会议上，通过了罗斯福所做的关于立即建立针对国外的情报机构——"情报协调局"的提议。他迅速作出决定，任命多诺万为情报协调官，并担任情报组织的领导。

1941 年 7 月，美国预算局拿出了经费资助给"情报协调局"，工作场所是几栋破败的大楼，环境十分艰苦，但这里的工作人员依旧怀着希望前进，无论摆在面前的是怎样的困难，他们都相信以自己的能力和经验一定能够克服过去。事实证明，经验丰富且阅人无数的多诺万绝对是一个不可多得的大将之才，整个战略情报局部门分工明确，人员均为精心挑选、出类拔萃的优秀特工，有相当一部分人参加过一战，整体的工作能力都很突出。很快，他们的出色成绩就受到了罗斯福总统的高度赞扬。他立即下令，给予"情报协调局"增加专用款项，在必要的紧急时刻，预算局如若收到"情报协调局"的拨款申请，可随即下发，然后上报。罗斯福这个大胆且充满着冒险精神的决定充分地展示了他高超的执政技巧以及心理抗压能力。同时，对于"情报协调局"来说，也是最大的支持与鼓励，毕竟这是最为强大的后台。罗斯福看到了"情报协调局"未来的无限潜力，渐渐扩大"情报协调局"的运作权力，并且给予了最大力度的政策支持。

紧接着，多诺万就开展了特别行动执行部的训练，他向英国的同行学习，加快各方面计划的行动速度，并且仔细地研究了英国情报机构的特点，在战争进行得如火如荼的时候，开始酝酿同英国方面的合作。这个想法正好与英方不谋而合，多诺万正是他们求之不得的人才，在英国人看来，多诺万在这个行业里绝对是个榜样和标杆，要是有他的加盟，必将改变整个战争的走向，如今有这样好的机会合作，英国自然不会错过。与此同时，艾尔弗莱德的"英国安全协调局"已经十分成熟，组织机构和行动纲领也日趋完善，虽然它还没有什么名气，但是所做出的成绩丘吉尔都看在眼里，他希望这个机构能够尽快形成一个链形体系，用

二战
浪漫曲

最短的时间把世界各地中小型的情报机构归拢到协调局的名下。能够得到今天这样的发展，艾尔弗莱德功不可没，在得到了丘吉尔首相的允许后，他与多诺万会话，希望他的"情报协调局"可以跟"英国安全协调局"进行广泛而密切的合作。双方很快就达成了合作协议，在不发生两国利益冲突的情况下，多诺万明确表示，他愿意撇开联邦调查局单独与"英国安全协调局"对接。但目前来说，可能仅仅限于战争情报，并不包含其他内容，艾尔弗莱德深深佩服多诺万的机智和谨慎。

但艾尔弗莱德可能不知道，多诺万的"情报协调局"是直接受罗斯福总统管辖的。除了谍报，反间谍的常规工作以外，他们还必须参与部署、破坏同类竞争对手的情报网络以及实施秘密行动的任务。所以多诺万建议艾尔弗莱德搬进"情报协调局"，这样他的身份就不易暴露。而且那里设施齐备，所有的特工都具备一定的水准，对于双方的人员交流建立默契是一个很好的契机，最重要的是双方离得很近，也是一个很好的监督。为了防止内部人员泄露机密，他还提出了一个设想，就是要建立一个真正的属于美国自己的对敌情报机构……艾尔弗莱德忽然明白了，一个成功的谍报人员，就必须把整个生命还有灵魂里的信仰全部奉献在事业之中。那不是他一个人的，而是一个民族，甚至是他的祖国和全世界受苦受难的人们的。深思熟虑之后，他答应了多诺万的提议，搬进了"情报协调局"的大楼。艾尔弗莱德知道，真正的角逐才刚刚开始，没有什么比这个会更加刺激的了，此时此刻的他，沉浸在一种莫大的惊喜之中，这个事业的前景，已经在眼里被描绘得无比清晰。

很快，艾尔弗莱德就搬进多诺万的"情报协调局"的大楼中，每一天都有数不清的来自四面八方的情报、信函、电话、密码等待着他们审阅和破译。艾尔弗莱德拿出了百分之二百的精神，每天都工作到深夜，他非常清楚，他现在代表的是一个团队，是英国首相丘吉尔对他的信任。他不可以怠慢，即便是小小的失误，都很有可能变成极大的悲哀。

而此时的美国联邦调查局则陷入了前所未有的信任危机中，罗斯福总统正一心把"情报协调局"打造成全世界范围内同行业里最顶尖的机构，所以对胡佛总是不冷不热，这也使得胡佛在工作中带有很多情绪，常常无缘无故地发脾气。罗斯福知道后并不太在意，反而渐渐地疏远了他。终于，胡佛的怒气没能在理智的天平上站稳，他开始与多诺万明争暗斗，大有你死我活的架势。

已经感到来势汹汹的多诺万并没有感到害怕，相反，他还从艾尔弗莱德手中接过了一项本是属于英国间谍的任务。那就是延续英国间谍历来的工作模式和方法，一般都是定期悄悄地潜入西班牙驻华盛顿大使馆采取隐秘搜查的行动，设法偷拍或者是盗走佛朗哥政府的机要文件，用来推测和预判法西斯的进一步计划。就目前的种种迹象看，佛朗哥政府是明显的亲轴心国派，他所有的密码本和重要资料都很有可能帮助英国破解德国"迷"字机密密码。多诺万几次进入西班牙驻华盛顿大使馆之后有了重大的发现，并得出了令英国政府感到震惊的结论，佛朗哥政府很有可能与法西斯毫无瓜葛！

睿智而精明的多诺万指出：其实在战争刚刚开始的时候，佛朗哥政府的确是面临着是否参战，加入哪一方的艰难选择之中。英法为了使西班牙加入或者保持中立，在经济上给了西班牙不少好处，佛朗哥政府也考虑到自身的整体实力，所以并未明确表示站在哪一方。但是随着法西斯铁蹄的飞速前进，德国几乎横扫欧洲战场，佛朗哥政府的思想开始倾向于轴心国，他对德国取得的骄人战绩崇拜得五体投地，并在德国进军苏联时，公开声明支持德国，这就使得盟军几乎一致认为，西班牙也加入了法西斯集团。但是事实上令大家更加确信不疑的事件还是1940年6月西班牙突然出兵占领丹吉尔。那里当时是由英、德、法、意共同管辖的地区，他只是在行动之前告知了德、意，但并没有通知英、法，所以英法两国感到极其不满。多诺万通过分析材料得出，其实佛朗哥政府从头到尾都没有表明自己的立场，他只是给自己留了很大的空间和余地，周旋在两大集团之间，游离于战场之外。尽管他组织了名为"蓝色师团"的队伍穿上德军的军装加入了苏德战争，但并不能掩盖其墙头草一般的心理，只是一时被希特勒的气势冲昏了头脑，以为战争会很快以法西斯集团胜利而告终。所以多诺万认为，应该转变调查方向，看看能否从其他国家那里找到重要线索。

听完了多诺万的详细分析，艾尔弗莱德如梦方醒。其实他也早就质疑这种一棵树上吊死的整体策略，因为就在佛朗哥政府提出要收回直布罗陀的口号又没有动作的时候，他就发现了问题，一个一边为英、法连声叫好，又跟希特勒有着解释不清关系的政府，相信双方谁都不会真正将他视为自己的忠实盟友并且将他的存在放在心上。所以在这个无关紧要的小丑身上根本无法获得很有价值的情报，应该立即将主要方向转移，适当留意佛朗哥政府的动作即可。后来事实证明了他们的先见之明，这个见风使舵的小人果然瞻前顾后之下没有敢于跟随德国进攻直布罗陀海峡，但是他这样大言无行的行事方式却使战争双方都对西班牙所持的态度产生了误判，导致西班牙本身陷入了两难讨好的境地。因为西班牙的背信弃义，感到自己受到欺骗的希特勒原本打算进攻西班牙惩戒一下佛朗哥，但是他冷静下来之后又收回了这个想法，因为考虑到西班牙每年都会跟德国有军火和金属的合作，是一个在当前情况下后方重要的军工资源进口伙伴。所以他只是在口头上表示了不满情绪，并未采取什么直接行动。而英、法也同样时刻紧盯着西班牙的动向，一旦佛朗哥有什么倾向或者直接宣布加入法西斯阵营，近在咫尺的英法大军必定会对西班牙进行联合进攻，届时西班牙几乎是必败无疑的。由此可见，西班牙当前之下最好的同时也是唯一的策略就是中立，除非战事发生了什么在势力上明显的变化，它才能够在胜负即将见分晓的时候加入胜利的一方。

　　两个人又经过了一番透彻而仔细的分析，最终把目标放在了保加利亚和土耳其身上，虽然这个国家至今为止也并未公开表示自己将会站在哪一方的立场上，但是就目前的战争局势来说，主要参战国家各显其能各据其利，在力所能及的领域斗得难解难分之下，谁也没有办法看清局势最终将会走向何方。有相当一部分国家，碍于经济能力或军事实力，在投靠这两个阵营当中哪一个的问题上始终犹豫不定，左右为难。而有一些由于无法判断战争的最终走向或者对自己的利益难以割舍，都被希特勒以及他的法西斯阵营蒙骗或逼迫和裹挟，无奈地卷进了这场战争。在后者的群体当中，保加利亚和土耳其就是在这种情形下间接对盟军流露出一种并不看好的消极态度，他们不表明立场的行为也几乎等于就是在支持法西斯阵营。所以当前的重点就是用最快的速度把保加利亚和土耳其的情况调查清楚，同时进一步从截获的情报中观察轴心国以及其他周边国家即时动向。在两人达成共识后，他们分头行动，艾尔弗莱德继续主抓美洲地区，而多诺万则把注意力更多地转向了欧洲战场轴心国之外的国家。

　　一天中午，多诺万的老对手胡佛来到了"情报协调局"的大楼，进入了多诺万的办公室，刚开始两个人还有说有笑，可是随后不久就激烈地争吵起来，险些大打出手。原来，这与之前所发生的意见事情有关，潜入西班牙驻华盛顿大使馆获取情报的任务，原本应该是联邦调查局的

二战浪漫曲

职责范围，胡佛在得知多诺万在没有向自己打招呼的情况下就多次派出手下越俎代庖执行这种任务后，觉得对方显然是没把他放在眼里。他虽然原本就是心高气傲的人，但考虑到两个人的关系平时就不怎么亲密，这次来协调局也没有直接就拿出兴师问罪的口吻。一开始的寒暄之后，他趁场面还算热络就提到了这件事，希望能讨个说法。但是没有想到的是，多诺万一听却完全没有自谨和道歉的意思，他理直气壮地对胡佛强调自己已经得到罗斯福总统的同意，并不需要额外再向任何人请示。

多诺万毫不客气的言行激怒了本来就心中有气的胡佛，双方一时争执不下，谁也说服不了谁。结果盛怒之下的胡佛砸碎了多诺万珍藏的几瓶红酒，多诺万也一时怒火攻上心头，二人相互破口大骂，然后居然彼此撕扯了起来。最后在多诺万的命令下，胡佛硬是被赶来的保安架出了协调局大楼。胡佛走后，艾尔弗莱德来到多诺万的办公室，多诺万绘声绘色地描述刚才事情的经过，两个人都哈哈大笑起来。

被保安架走的胡佛自觉遭遇到了奇耻大辱，在心里暗暗发誓要找机会狠狠地报复多诺万。结果，当多诺万的手下再一次潜入大使馆时，联邦调查局悍然出动了多辆警车。胡佛带队进入大使馆后，二话没说就把多诺万的手下带了回去严加审讯。消息很快就传进了多诺万的耳朵里，他知道后暴跳如雷，但是人已经到了胡佛的地盘上。多诺万满脸阴沉地到了联邦调查局，他一言不发，情绪十分糟糕。见到了一副趾高气扬嘴脸的胡佛之后，他几次都想要拿出枪来好好质问这个小肚鸡肠的家伙究竟想要做什么，不过还是忍住了，然而在两个人延续了一贯的仇视态度之下，很快谈话又变成了对彼此的恶言声讨，他和胡佛又在联邦调查局展开了一场激烈的争吵，但这样似乎还是无法解决两个人之间的矛盾。于是他们一起来到了罗斯福的面前，希望有个决断。罗斯福看着这两个闹小孩子脾气的手下哭笑不得，他心里十分清楚他信任的到底是谁，但是任何事情都要从大局出发，所以，在此过程中牺牲一些人的利益在所难免，最终罗斯福下令把那个惊慌失措的手下送回多诺万那里。然而令多诺万感到意外的是，罗斯福并没有训斥胡佛，反而叫多诺万停止这项任务，全权交给联邦调查局。胡佛洋洋得意地从罗斯福那里离开，跟在后面的多诺万情绪降低到了极点，他隐约感觉到了有事情将要发生。

作为一个身经百战的特工，多诺万拥有着出色的思维和灵敏的嗅觉，他感到自己的"情报协调局"似乎已经到了危在旦夕的时候，回过头看看走过的路，曾经以为是秀丽的大好河山，但现在看来也不过是万里黄沙一般，岁月的划痕已经擦过多诺万消瘦的脸颊，世事的沧桑也正在消磨他坚强的意志，钢铁铸成的精神不会被敌人打败，但往往都倒在了自己的脚下。多诺万知道，尽管"情报协调局"现在是由罗斯福总统直接领导，在尊贵程度上一时无两，但还是比不上胡佛所掌握的联邦调查局的历史资格深厚，传统也更加悠久。美国人和美国政府都更加熟悉和习惯后者的存在，它的重要性就像一根生长在政府这颗美国的大脑当中的警惕神经一样密不可分，所以当需要做出最终选择的时候，被舍弃的肯定是他和他的"情报协调局"。带着这样消极的想法，多诺万有些无奈和悲凉地回到了协调局大楼继续自己的工作，但是此时的他，已经没有当初的那股干劲儿了。

直到 1942 年初，美国情报局之间混乱的局面还是没有从根本上得到改善，为了解决这一问题，罗斯福一度想要把"情报协调局"解散，然后将其人员和部门调配到其他情报部门去。这样做实属无奈，尽管多诺万的"情报协调局"无论从情报数量，传输速度还是真实程度都要比胡佛的联邦调查局稍强一些。但是联邦调查局历史悠久，所有的工作人员都几乎为美国奉献了全部的青春和热血，如若将他们解散，长期在美国境内工作的这些特工人员必将被其他国家和区域的情报部门挖走，他们手中有大量的对美国十分重要的情报，这不仅大大削弱了美国在情报活动方面的实力，更对美国在未来战场上的情报获取和情报运用可能导致致命的影响。所以相比之下，"情报协调局"刚刚成立不久，尽管他们风头正盛，而且能够通过多种多样方式的创新来取得一些看似不可能完成的任务，但罗斯福左右思量，理智的天平最终还是倾向联邦调查局，因为他更符合美国的口味和传统，大众对他的认可度也很高。多诺万无意间知道这个消息后，心一下就凉了半截。他找来斯蒂芬森一起商量对策，希望可以通过找到胡佛的把柄来阻止罗斯福的决定。但是从一开始就没有放弃对胡佛调查的多诺万竟没有发现他丝毫的破绽，这令多诺万更加地失望。

艾尔弗莱德如今已经和多诺万成为挚友，自然对他的处境也是感同身受，因为他也曾经遭到过丘吉尔首相的质疑，但是他真的非常希望能够帮助自己的朋友渡过难关。由于艾尔弗莱德并不是美国情报机构的人员，所以很多事情他不便亲自出面，但是他在暗地里帮助多诺万寻找到了他的盟友，也就是现在美国最高的军事机构——参谋长联席会议。

多诺万为了使罗斯福的想法不被实施，煞费苦心地找到了几位参谋长，按照艾尔弗莱德和他一起制定的方案，多诺万言辞恳切有力地阐明了美国在不远的将来一定会成为世界头号强国，那时他们就必须拥有一个机构专门从事对敌的秘密工作，然后，用一切合理并且缜密的推断让他们相信"情报协调局"是行事果断的单位。在最近几个月的工作时间内，多诺万已经建立了一张十分隐蔽的情报关系网。

毫不夸张地说，这个世界上任何一个角落有风吹草动都逃不过多诺万的眼睛，他还强调这个部门一定要区别于其他的情报部门，可由军方情报处直接领导。这样与其他情报部门之间就可以精诚协作，避免许多不必要的冲突发生，军方就可以放心地把重心放在武器研发和训练实战上，培养和输送特工间谍的任务就由他来承担。多诺万富有激情和远见卓识的演说，尤其是他高瞻远瞩的视野使得几位参谋长也坚信美国应该有一个这样的部门。所以多诺万成功地打动了这些人，他迈出了成功的第一步。

1942 年 6 月 13 日，参谋长联席会议召开。会上，几位参谋长联合提出建议，要求不要解散在当前情势下发挥重要作用的"情报协调局"，他们纷纷表示愿意与多诺万合作，协同合作成立一个全新的、更加符合日后战争需要的情报机构的构想。在他们的描述当中，这个机构由军方直接管辖，但其行动高度机密，而且不受其他情报机构限制。换句话说，它将会是美国日后拥有最高权力和自由度的情报机关。

在几位合作伙伴相继发言之后，多诺万也站了出来，对会议上的所有人重新并且更加深刻地阐明了他的想法，让人们认识到协调局作为另外一种智能和工作形式的情报机构有着与传统情报部门不同价值的一面。另外，他还特意讲述了协调局建立以来和其他机构，尤其是横行霸道的联邦调查局之间的冲突往来，并表示了对这种冲突继续发展下去的担忧。罗斯福也频频点头，胡佛在会议上几次都想站出来为联邦调查局辩解，但是大家心里都清楚胡佛在背后做了多少让人唾弃的勾当。所以，连罗斯福在内的很多人都对他使了眼色，他只好乖乖地坐在位子上闷声不语，满脸的不满与纠结。

就是在这样的情况之下，罗斯福经过深思熟虑后，下令将多诺万的"情报协调局"和美国军方情报处合并在一起，成立一个隶属于军部的情

二战浪漫曲

报组织机构——美国战略情报局。这意味着美国建国以来第一个统一的中央情报机构诞生了。他们主要的工作内容和职责就是对全球的政治、军事、文化、经济、教育、科技等一系列的情报和信息进行搜集与分析，并把情报上报给美国政府各部门。美国从此犹如在世界各个角落安装上一部"监视器"，能够使美国站在最高的位置上纵览全球的变化，以此来制定外交战略和经济合作的具体纲领。

战略情报局还必须充分合理地调动各个情报机构之间的协作意识，调配他们的活动范围和职责，坚决避免内部矛盾和间谍的出现。在时机成熟之时，还要利用美国在境外的军事基地，深入开展策反活动，导演内乱，推翻所有对美国有威胁和制造麻烦的外国政府。在计划败露时，要组织暗杀与美国为敌的国家领导人，或者身份被揭穿的情况下，进行自杀。总之，战略情报局就是要以"情报"作为武器，发展和保护美国的经济利益和领土安全。

在多诺万的帮助和指引下，艾尔弗莱德所截获的情报和信息给予了英国和盟军巨大的支持，他与多诺万两人惺惺相惜，彼此私交甚好，并且互相非常信任，合作也最为默契。他们延续了在"情报协调局"时期的秘密合作，成果颇丰，效率惊人。丘吉尔首相也注意到了这个人才，亲自发了一份信件给他，请他务必站在正义的角度，帮助盟军打败法西斯，同时对艾尔弗莱德也赞赏有加，称赞他的智慧和经验，灵敏而卓越的嗅觉，不知疲倦的战斗意志，以及对组织的毫无保留和忠贞不渝——所有的这一切都会被历史铭记，艾尔弗莱德一定会得到英国人民甚至是全世界人民的爱戴。

不久，在英国情报机构组织和多诺万的支持下，"英国安全协调局"成为了一个不可忽视的情报集团，艾尔弗莱德本人也荣幸地成为了英国情报机构在西半球的最高代表，并渡过了之前的信任危机，赢得彻底的信赖。加拿大情报机构与英国情报机构进行合作，内容由艾尔弗莱德自行决定。也就是说，艾尔弗莱德有权力把他认为对加拿大有利的情报传送给加拿大政府，并无须征得丘吉尔的同意。这不仅是对他辛勤而出色的工作最好的褒奖，更是出于对他人格魅力的一种肯定。

接下来的日子，艾尔弗莱德的工作热情更加高涨，与国际规模比较大的情报机构之间的往来也越加频繁，很快便蜚声"情报界"，他到处宣传反法西斯战争，亲自招收和训练特工人员，把自己多年的经验和技巧传授给了那些坚定勇敢的年轻人。

在艾尔弗莱德的策动下，美国媒体和公众舆论都受到了积极的影响，纷纷开始站出来参与到反法西斯战争的各种活动，许多著名专栏作家也发表文章提出建议，反战情绪正在全世界无数人的心中蔓延。人们从来没有像今天这样的热爱和平，在经历了战争的苦难和亲人的离去后，他们想要的只不过是在吃晚餐的时候能够获得可贵的宁静。那应该是一顿没有丝毫担忧和恐惧的晚餐，进餐后可以载歌载舞、边跳边聊，或者在一棵树下，品一杯茶，把自己质朴而真实的面貌，展示在没有斗争的平静生活面前……

世界人民热切企盼的那一天终于到来了。1945 年 4 月 30 日，德意志帝国国会大厦上升起苏军的旗帜，接着，希特勒同爱娃结婚，立下遗嘱后，在柏林总理府的地下室自杀身亡，尸体随后由其部下焚烧。5 月 8 日，德国投降，欧洲战争结束。9 月 2 日日本政府在密苏里号战舰上签署无条件投降书，至此，第二次世界大战宣布结束。

1945 年，杜鲁门接替了病逝的罗斯福，当选为美国第三十三任总统。由于战争已经结束，杜鲁门总统下令解散了战略情报局，以全力发展经济和军事。但没有想到的是，他很快地就被政府各个部门的情报报告压得喘不过气来，于是他开始后悔自己当时的决定。

他找到多诺万，要他重掌帅印，多诺万无比热爱着他的情报事业，所以欣然接受了这一任命。他起草了一份关于"成立国家情报局及其行动机构"的议案，很快杜鲁门就通过了该项报告，并把这个机构称之为"中央情报组"。

1947 年，杜鲁门总统批准了《国家安全法案》后，由于"国家安全法"说得很明确，中央情报局可以不受警察、传票、执法力量或国内安全职责的制约，所以中央情报局同其它相关机构的关系越来越紧张了。

1947 年 9 月 18 日，在林肯纪念碑的附近，有一处办公楼开始了它全新的使命——世界上最公开的情报组织，这是除国防部外享有特别权利最多的政府服务机构——美国中央情报局，这个机构就在一种有些令人感到迷茫和忧心忡忡的微妙的政治环境下诞生了。尽管他没有命令和调配其他情报机构的权利，而只是起到协调作用。

1961 年后，中央情报局总部搬到了兰利，占地约 200 多亩，组织机构十分完整和庞大。

中央情报局成立后，杜鲁门几乎是不加思索地就选择了希伦科特担任局长，虽然为美国的情报事业鞠躬尽瘁的多诺万没有当上第一任中央情报局局长，但这一切并不妨碍多诺万被后人尊称为"美国情报之父"，而艾尔弗莱德·夏普更被认为是中央情报局的始祖。他一生功勋卓著，除了建立中央情报局之外，还成立了专门负责训练特工人才的 X 学校。

在 1941 至 1945 年间，约有超过 2000 名加、美、英等国的特工在一处秘密的农场内接受过培训，不论是在各大洲，还是在敌后战场，这里的学员都极其活跃和神秘，由于在不同国家的情报机构就职，所以彼此之间并不了解，甚至从不往来。在他们身上有一个共同的标签，那就是——"X训练营"。

"X训练营"位于加拿大安大略湖畔，这里曾是加拿大军方设立的一个军事理论和突击训练的营地。但不管怎么说，他是当时加拿大乃至北美地区第一所培训秘密行动人员的高级学校，于1941年12月6日成立。它的创办人就是当时"英国安全协调局"的主管——艾尔弗莱德·夏普。

没有人会把他和"X训练营"联系到一起，他当初受命于丘吉尔首相，来到纽约，为英国秘密建立情报组织并提供情报，很快就取得了令人惊叹的成绩。换言之，以他当时的名气和影响力，早已成为各个情报组织"重点照顾"的对象，再加上情报工作性质带来的压力，他哪里还有时间和精力，去加拿大神不知鬼不觉地建立一个隐蔽的天衣无缝的高级特工训练学校？

作为一个曾经的加拿大富商，还是一位在一战中从事过无线电和破译密码工作的天才，艾尔弗莱德·夏普并不像人们想象的那样呼风唤雨，神鬼莫测，相反，他极其注重自己形象，享受生活，就像一个普通人一样。那么，他又是怎样长期的掩人耳目的呢？这令所有人都感到困惑，艾尔弗莱德又一次向世人展示了他那无与伦比的特工技能，再一次为他的人生增添了浓重的一笔。

其实，"X训练营"是丘吉尔早就策划好的项目，选址加拿大选是为了能够更好地掩人耳目，在艾尔弗莱德到达纽约之前，他就已经秘密派人来到了安大略湖畔的辛克莱农场，斥重金将其买下，由后来组建的"英国安全协调局"和加拿大政府共同管理。

但是加拿大政府并不知道它真正的用途，丘吉尔仅向加拿大政府承诺，此农场会作为英国在北美的情报机构的中转站和办事处之一，并且绝不会做出不利于加拿大政府的事情。另外，作为回报，承诺"英国安全协调局"将把从欧洲战场截获的情报无偿地提供给加拿大政府，一旦时机成熟，两国还可以一起参加谍报活动。

接手这一工作的人员，正是一位曾经的加拿大的巨富。所以加拿大政府并没有考虑过多，以"加拿大皇家骑术训练学校"为官方名称为"X训练营"做掩护。

起初建立这间训练营的目的是为英国在北美地区设立一个专门向情报机构输送人才的"大本营"，并且通过这些特工和间谍迅速的铺撒情报关系网，为日后的工作提供可靠的技术基础和后备力量。还有就是通过"X训练营"在英国和美国之间构建出一条秘密通道，为双方的战略合作打下坚实的基础。

考虑到当时美国发表的中立法案，不得直接地参与战争，所以势必会需要大量的特工，奔赴到敌占区或者深入各个情报机构内部，进行间谍活动和破坏行动。"X训练营"就为他们提供了所需要的特工人员，这样就能通过对美国的渗透，更加清晰地了解到战场以及世界局势的发展变换。

但是谁也没有想到，日本偷袭了珍珠港。随后，太平洋战争正式爆发。正是由于这场战争，"X训练营"的许多准备工作被迫搁置。

接到命令之后，艾尔弗莱德并没有直接去见罗斯福，而是先去加拿大，在加拿大他给罗斯福的助手打了电话，告诉他将不日抵达纽约。

事实上，丘吉尔低估了美国情报机构的能力，连艾尔弗莱德都没有想到，在就他到达纽约后没几天，美国的情报人员就已经盯上了这座农场，他们表现出了浓厚的兴趣，甚至已经将新招收进来的人员的培训地点称之为"农场"，显然，美国人对这座训练营的构想策划和发展前景都十分看好。

　　就在"X训练营"精心筹备期间，美国联邦调查局已经准备派遣人员参加培训了。不过，这一切都只是美国联邦调查局单方面的推测而已，并没有确凿的情报证实这里就一定会是一个特工训练营。

　　谁也不知道这块农场的真正用途，加拿大方面为了遵守协议，所有的广播公司以及媒介都缄口不言，政府机构更是严守秘密，仅知道这里只不过是一个英国情报的中转站。别说美国，就算加拿大总理也被排除在了知情者的人员之外，因为加拿大政府若知道真相，很有可能怀疑"X训练营"侵犯加拿大主权而将训练营关闭。

　　就在丘吉尔还在计划"X训练营"的进展时，关于这个训练营的各种版本的流言蜚语铺天盖地向丘吉尔传来，就连艾尔弗莱德要在美国秘密建立"英国安全协调局"的消息也不胫而走。

　　但是丘吉尔并不感到恐慌，因为他对艾尔弗莱德十分信任，相信他一定会把这件事情处理得很好。后来的事实证明，艾尔弗莱德果然没有令丘吉尔失望。他将生命中的全部热忱都投入到了工作之中，他知道胜利的天平永远朝向那些有准备的真正的强者倾斜，没有人能够轻松地达到让人仰首的高度。艾尔弗莱德一边在罗斯福身边作为丘吉尔的特使，另一方面时时刻刻地关注和操作着"英国安全协调局"和"X训练营"的一些事务。

　　在"英国安全协调局"工作进展的十分顺利的同时，"X训练营"于1941年的12月6日开始运作。当时他在全世界范围内领先的明显特征在于，其拥有一个高精密的电信中心，也就是后来被所有训练营学员称为"九头蛇"的精密仪器。

　　"九头蛇"是一种传说中的很凶残的动物。可以说，它代表着当时世

二战浪漫曲

界上最先进最无解的处理技术，被称作无价之宝。尤其是在应对德国电台的窥探监听上，显得得心应手，在处理情报编码和解码上也相对安全。

进入"X训练营"的学员在受训期间，必须要掌握爆炸、伪装、暗杀等一系列技能方可毕业。

每一个受训的学员还有一个特殊的、不寒而栗的技能，那就是，一旦身份暴露或者被俘，只能交待自己的序列号和军阶。必须要等到48小时之后，才能有误导性地说出情报内容，然后自杀，或者直接自杀。无论是否能够忍受得了酷刑，都不能临阵倒戈，可以不惜一切代价逃生，但决不能出卖组织，而且一定要想方设法为同伴争取撤离的足够条件和销毁证据的宝贵时间。艾尔弗莱德根据自己在一战期间军队受到的训练内容，结合实际给这些参加训练的人设置了训练的课程。

第一项是体能测试，除了折返跑，越野跑，跳远，俯卧撑等最简单的无论男女都要完成的项目之外，还增加了全队配合运沙袋，双人逆流跑，以及个人竞速攀岩。每个人都有自己的任务，不得随意走出属于自己的活动范围，且不能打扰其他人或是被其他人打扰，若违令，轻者要受到一顿侮辱和七天禁食惩罚，当然这种惩罚并不是一点食物都没有，只是每天只留给学员一个鸡腿和一个土豆。重者则会在你身上留下几条鞭印或者直接被赶出"X训练营"。每个小组以及个人，都有一套严格统一的评判标准，对于每一个人都是公平的。在第一项的训练过程中就会淘汰一些人，其余人独立计分，进入下一轮。

第二项是团队合作意识的考核。"X训练营"会把每一个学员蒙上眼睛，送至指定地点，他们的手上没有任何工具和辅助仪器，必须在12个小时之内，返回训练营，训练营里有一名专业的地理障碍师，专门为学员设置障碍，在返回的途中，会出现高6英尺，深6英尺的由刺状铁丝绕成的铁丝网兜和通了电的各种障碍物，他们在避免自己不受伤的同时，可以采用任何方法，破坏，挖地道，甚至自己搭一座桥等，但是有一个原则是不变的，必须要在规定时间内穿越障碍物，返到营地。

第三项测试武器枪法。这一项测试很简单，学员必须将拆分好的枪支以最快的速度安装完毕，然后射击，按照靶标的环数来判定成绩。打完靶后，再将枪支拆卸，放回原来的位置，同样，表现差强人意者很有可能在这项测试中遗憾地离开。

看似前面三项已经把许多人难倒了，其实真正的测试才刚刚开始。对于一个"X训练营"的成员来说，只要你进了这幢横纵交错的楼里，每一个装饰，每一个角落，甚至是每一种不同的气息都是一种考验，一种关乎智慧、生命或者是死亡的考验。

比如一项针对女生爱美的特点设计的过硫酸池的任务，所有的女学员都会被带到一个事先准备好的长25英尺、宽15英尺、深8英寸的水池边，水池里面装满了硫酸，上面放置了3根大约1英尺长的平实的木头。任何人只要在通过水池的过程中被烧伤、毁容或灼伤身体就会被勒令退出训练。

女学员们最开始都显得很不理解，认为这一定是一个十足的混蛋设计的。但是，还是有一些女孩表示愿意尝试这种新鲜而刺激的体验，她们小心翼翼地走过去，顺利地到达了对岸。接着几个女学员也跟了过去，最后剩下的女学员眼看着时间快到了，便也一鼓作气地跑了过去。这些参加训练的人不知道，其每一个动作、每一个表情艾尔弗莱德都能观察到，她们的每一步成长艾尔弗莱德都能看到。

成功的背后常伴随着汗水和泪水。从事间谍工作，学员不仅需要魔鬼式的训练，还要忍受非人一般的对待和痛苦，即便最后功成身退，也未必能够在历史上留下姓名。

他们在训练营，每一天都是生与死的考验，过的是在刀头上舔血的日子。尤其是女学员，她们必须付出比男性间谍更多的汗水和辛劳。间谍这个行业就是这样，没有任何道理和情理，只需要不惜一切代价地通过考验。

最后留下来的人，为了保证他们是健康和忠诚的，训练营的医务室还要定期对其进行身体状况、心理素质、药物催眠等方面的全方位检查。确保这些学员在执行具有高度的保密性、隐蔽性和危险性的间谍工作时，不会出现一些最基本的差错问题，比如体力不支，或者是一些慢性病突然发作等等。所以在进行筛选的时候，这样的考查是非常有必要的。

在进入训练营的第一天时所有人就都被告知，如果在这里成功毕业，那么他们将会被培养成为谍报人员，派往各个战场进行军事情报的收集和整理工作。如果表现突出，可以直接进入世界顶尖的情报机构入职。

虽然大家心里都清楚，这可能是一条不归路，但他们还是显得精神抖擞，斗志昂扬。无论这是一项多么艰巨而危险的任务，他们都要证明自己能够通过这个残酷和严格的选拔，成为一名真正的谍报人员，完成光荣的使命，为祖国效力。

接下来更加残酷的训练又开始了，最初所经受的考验与现在相比无足轻重，是不值一提的小事。

首先进行的培训是逃生术、易容术、擒拿术等，均为基础性技能技巧。当身边发生危险时，谍报人员生存的关键就在于逃生技巧，能够成功的逃生，那不仅仅是对自己生命的爱护，也是对组织和国家负责任的表现。

"X训练营"的每一个学员都将从当时世界上最优秀的特工身上学到

高超的逃生技巧，无论是借助交通运输工具、骑马，或者是遇到强大的敌人时的近身格斗，这些都是学员们必须具备的基本技能。在遇到一些难以甩掉的跟踪人员时，谍报人员就必须使用一些化妆、易容之类的技能，蒙蔽对方，使之轻松脱身。尤其是女间谍，在这一项上的运用简直出神入化，神鬼莫测，她们很大一部分的工作开展就是通过化妆和打扮才得以完成的。

其次是对各种武器的使用。最初检测大家的只是最简单的手枪的装卸与射击，而现在要求每一个人至少掌握十种以上不同样式的武器，尤其是轻武器。当谍报人员深入到敌方之时，他们无法预测各种危险，所以能够随身携带迷你式手枪或者在必要时夺下对方的手枪将其毙命就成为一个顶尖间谍的拿手好戏了。

能够娴熟的运用各种武器，是保全自己，消灭敌人，顺利完成任务的关键所在，当危险来临时，无论在多么复杂和危险的局面下，间谍们都能够随意拿起身边的武器，攻击敌人，在险境中突破重围。所以这项技术足以让间谍们在执行任务时游刃有余，胜券在握。另外"X训练营"中还特别规定，当对方已经倒下，为了防止对方苏醒暴露自己的身份，通常都要在其头部补上一枪。

再次，就是情报工具的使用。第一步是要系统地学习无线电通信知识，尤其是了解怎样解除各种密码。"X训练营"的"九头蛇"发射器简直就是谍报人员手中的"原子弹"。它不仅信号强，覆盖面积大，最重要的是获取情报及时而准确。在"X训练营"的学员无不为这一改装而惊叹。

除了使用信号发射机，接报人员还必须掌握拍照和拍摄技巧，当然都是偷拍，因为敌人的情报大都会锁在自己的文件柜中或者是密码箱内，当谍报人员没有机会将情报盗走的话，就必须使用照相机或者摄像机把内容拍下，确保行动的质量，获取之后立即通过电台或者是发报机将资料和文件传回情报处，也可以亲自将其带回。

在"X训练营"，每个人都必须钻研的一个问题就是如何能够让组织及时、快速、高效、直接地了解敌对方的各种情况。除此之外，比如一些反跟踪、拆摄像机、安装窃听器等各种间谍掌握的技能技巧，都必须学到，而且还要做到得心应手，信手拈来。否则，是不可能在"X训练营"毕业的，稍有不慎，就有可能被开除，前面所有的努力就都白费了。

"X训练营"就是这样的，里面的一切充满了变幻莫测的情节，你只需向前走，不需要带有任何关于感情的东西，如果你不小心触动了那根弦，用训练营官员的话讲，那就是给你自己寻了一个死胡同，即使你想走出来也是不可能的事情！因为在"X训练营"，整个训练室、角落、过道、摆设、门槛，甚至是每个人的笑容都是一个危险的信号！

无需向哪一位成员解释这样的事情是为什么？究竟是什么目的，它只是在一遍遍地提醒所有的成员要想成为一个合格的"X训练营"间谍，你必须遵守一切规章。

能够走到接下来这一环节的人，基本上都是精英中的精英了，但是这并不表示这些人就能够在"X训练营"顺利毕业。因为，每一天对于他们来说都是挑战，而不是体验！他们将来所要从事的工作和服务，是这个世界上最考验智力和综合能力的工种，没有任何一个人值得绝对地信任和依赖，所以所有的任务几乎都是一个人在战斗。

"X训练营"的教官往往告诉他们的学员："不要轻视我们的敌人，因为你还不够了解他，就如同他们无法完全了解你一样。也不要轻信身边的人，从这里走出去以后，你们的身份资料可能被修改，所以你甚至必须忘记你自己，时时刻刻地记住你的新身份，一旦暴露，必死无疑……"所以，对于间谍训练第四项要掌握的就是杀人技术。

在"X训练营"看来，杀人就好像是家常便饭一样简单的事情，绝不应该心存胆怯。一瞬间的思想转变就可能导致自己命丧敌人的枪下。所以，在面对你死我活的特殊情形下，不论本性是多么善良温柔，都必须果断出手，坚决不留活口。

在刚开始训练时，"X训练营"遇到了不少麻烦，有许多人接受不了真实的置人于死地的考核。但是，最终"X训练营"也没有做出让步，先是在思想上进行统一、系统化的渗透。让每一个人明白，战场上没有假设，不允许你有一丝一毫的迟疑。

然后，教官们安排学员观看大量的解剖实验录像和实际的现场操作，更加直观地展现人体的生理构造，中间会穿插一些人类身体致命部位的讲解。告诉学员哪里是身体最软弱的地方，哪里最致命，或者是最难下手的地方，总之就是要对人体的各个部位了如指掌。

为了确保训练的效果，参加训练的人则需要自愿通过一项特殊的考试，那就是格杀真人。"X训练营"会抓来一些被联邦调查局擒获的法西斯谍报人员以及在战争中受伤被俘的法西斯士兵，来考验他们的心理承受能力和杀人技术。这项考核里还有一个十分重要的规定："X训练营"不会为任何一个人的失误买单。一旦任务失败或者行动上有疏漏，导致伤亡，"X训练营"不负有任何责任。

那天晚上，学员们被带到了加拿大边境的一个酒吧，这看似是一座普普通通的建筑物，有着当时英国式建筑最为流行的线条，横纵交错的同时不免呈现给所有关注它的人一种任凭云散风聚的气息，里面有些什么人？多少武器配备？没有人知道。

命令下发之后，所有训练学员都带着世人少有的冷峻表情走到里面，开始他们学习历程中最为残酷的一课。教官事先已经把每个人的目标作了详细介绍。进入酒吧之后，要以最快的速度解决自己的目标，把他脖子上的标签撕下来，这一次只有一个要求，不许开枪。停在外面的训练营的车很快就迎来了第一位返回者，其余的学员也陆续返回。只有3个学员，无法下手，惨遭淘汰，还有一个学员，被对方杀死。

经过了为期几个月的疯狂训练，每一个人脸上都写满了疲惫，但很明显的，他们已经不再困惑和迷茫。下一项培训的内容相对来说就比较轻松了，叫做社交礼仪。因为特工人员常常会有一个高官或者富商的身份作为伪装，所以难免会出入一些高级的娱乐场所，为了避免敌人的怀疑，之前的这些准备一定要扎实，不能让对手抓住把柄，所以这项训练基本上包含了所有礼仪方面的技术和知识。

比如社交基本礼仪、社会关系、社交心理学以及引诱迷惑技术等。艾尔弗莱德常年行走在各种交际圈，他对各种礼仪都熟知。因此，他给参加训练的人定的标准就是自己的标准。在这样严格的标准下，每一个经过社交礼仪训练的人出来的时候都是翩翩绅士、优雅小姐。

任何一个谍报人员都是一匹披着羊皮的狼，或者说是带着一张绅士面具的魔鬼，无论男女，他们都有形象，有知识，又有取悦别人的幽默和机智，给人的印象坦诚大方，知识渊博。很容易与人打成一片，投其所好地接近目标，待时机成熟，就会抽身而退。这些人往往都是自作聪明，以为自己得到一块珍宝，所以一心一意地对待，时间一久提防心理减弱，最终自己跳进了悬崖之中。

女间谍的美色，男间谍的优雅，都深深地令对手折服，吸引和崇拜，不知不觉已经躺在了魔鬼的窟穴里。

心理战也是"X训练营"的重要课程之一。在时刻保持警惕的同时，要察言观色，揣摩对方的思想，推敲对方的心理活动，从而判断对方言语中是否还有很高价值的东西，往往他们会使用一些暗示和谜题，等人去猜，也会故意设置一些心理上的对峙以及语言上的试探。

所以谍报人员一定要多加小心，与敌对方的疑似情报人员进行接触时一定要保持警惕，打好心理防御战，克服自己的弱点，忘记气恼、恐惧、羞愤等不良情绪，做好应对在正常计划下能力范围以外的突发事件的准备。它可能是超乎常人想象的无法控制的局面，但即便如此也需要谍报人员迅速地找到身边对自己有利的条件或是武器，从容不迫地面对眼前发生的事情，从而顺利地完成情报窃取任务。

灵活地运用心理学，并不是一天两天就能够做到的，这种训练对于一个人整体素质能力的提升效果是十分明显的，所以必须持之以恒，坚定信心。即使有一天离开了"X训练营"，无论是否从事间谍工作，都应该持续这种心理上的训练。

"X训练营"中的学员，除了要掌握所有的公共课程以及技术之外，还要额外学习和使用多种能够在实际当中运用的技能。比如在执行任务的过程中，肯定会受到各种各样的人的阻挠，这时在不能确定自己是否安全和一定能将对手置于死地时，使用药物将对手毒死或迷晕也许是最好的方法。所以，大多数人都会选择药物的课程，他们几乎能够了解每一种药的基本药性，哪几种药配合起来威力最大，药量是多少，服用多久之后才会出现反应，怎样能够令对手服下等一系列问题都将在这个学科中找到答案。

类似于这样的内容还有很多，比如：使用短波电台、隐形墨水的配制和显像，各种形式的密码破译方法。语言也是间谍培训中必不可少的一个项目，因为语言是进行沟通的最重要的工具，优秀的语言听说能力以及文字驾驭能力就是一只时时刻刻佩戴在身边的手枪一样，在危难时刻，如同心里有一把保护伞，保障他们的安全。通常一个学员至少要在"X训练营"学习两门语言以上才能够准许毕业，谍报人员上了前线之后，可能会被安排到不同的国家。

所以，在"X训练营"学习的学员，语言学习应该是最大的一个考验。最主要的就是学习的速度和质量相差太过悬殊，时间很短，任务特别繁重。不仅要求克服自己的方言缺陷，还要避免暴露语法的错误漏洞，同时要保证发音准确，流利自如，以防被察觉出来。否则不仅使得自身难保，可能还会连累到所效力的组织的整体步骤安排。所以，间谍训练中语言的学习是他们一生中前所未见的学习能力考验。虽然这里复杂的考试科目以及非常规的教学模式都是十分罕见的，但特工都能够学到真本领，这也是艾尔弗莱德这么久以来坚持不懈严格要求的结果。

在"X训练营"也并不是全无乐趣，艾尔弗莱德为了缓解大家紧张的神经，常常会设计一些有趣的谜题跟大家互动。但是有一次，艾尔弗莱德的副官格林却给艾尔弗莱德出了一个难题，而且是当着所有学员的面。那一天，他们两个人一起来到室内的训练场。格林用他特有的黄色大眼睛目视着艾尔弗莱德，说："你自己看墙上的钟表，下面有一个盒子，但是盒子上有密码，那里才有你想要的东西。"然后来了一个很舒服的微笑。

艾尔弗莱德凝视钟表时时间显示的是：06：56，可他盯着看了很久，钟表也没有任何变化。这让艾尔弗莱德感到很奇怪，如果按自己的计算时钟不应该是这个时间。再仔细想一下：自己来的时候是06：30，按正常的时间来说每天现在顺利进入里面都应该是早晨07：30，也就大概是现在的时间，可为什么墙上的钟表足足要比正确的时间慢 30 分钟呢?

突然间他好像想到了什么，快速地在盒子上输入了 0656 这四个数字，可立即意识到不对，密码是六位数！这只有四位数字，他又陷入了困境。这一切艾尔弗莱德都看得一清二楚，他以一个职业间谍的敏感意识到墙上的钟表指示不是没有任何征兆的，突然他想到了不久发生在实体训练时众所周知的一个信息：不管自己身在何处都要知道自己成为学员是在哪一天，似乎他像找到了什么了一样，满脸的沉稳和幸福，迅速在密码区输入了 120656 这六个数字。

这六个数字打开的不仅是艾尔弗莱德和格林的光明之路，也验证了训练营对每一个成员的要求，除了机智的反应和细心的对待，还有彼此合作的配合和互助。这就是"X 训练营"，这就是"X 训练营"的城府，还有对待事物的接纳程度。

当艾尔弗莱德打开密码盒的一瞬间他吃了一惊，原来是空的。格林和所有人都在他面前拍手称好，艾尔弗莱德这才知道，原来是格林在考验他。只是这么简单的一个时间而已，这对于普通人来说是一个每天都要触及的信息。可对于"X 训练营"来说只要混淆其中一个数字就有可能让他们行动失败，永远将生命埋在逝去的时光里。这也是整个训练营的残忍所在。他们不在乎谁在什么时候付出了什么样的代价，只在乎最后的结果。这也是他们存在的意义之所在。这场惊险的测试，使得艾尔弗莱德的名望空前提高，但是谁也不知道他的真实名字叫什么，他们只知道他叫"X"，这个人，也成为了所有人的学习榜样。

转眼间几个月已经过去，第一批学员的训练就快结束了。摆在这些年轻人面前的最后一项，也是直接关乎他们能否在"X 训练营"毕业的关键项目，即实战综合训练。实战综合训练是对之前几个月的总结和升华，更是检验"X训练营"的成果的重要指标。在这一个环节里，每一个人都必须全力以赴，这里面包括化学爆破、近身格斗、翻越雷区、投掷手榴弹、跳伞、对七情六欲的控制能力等，在这严酷的考验面前，第一届学员只有20多人最终拿到了毕业证，他们被迅速地派往各个战场。为各大情报组织，或为祖国全心全意地效力。历经无数个春夏秋冬之后，"X训练营"迄今为止前前后后一共培养了近千名优秀的特工人员。

获取情报、取得胜利对于艾尔弗莱德来说，就是一个亘古不变的主题。他总是用心观察着世界各个角落的风云变幻。

普通人可以和他心仪的人在一起，只要彼此愿意。但是对艾尔弗莱德来说却不是这样的，他不可以随便对哪一个女子产生爱慕之心，更不可以和这些女子走得很近，因为他的身份特殊，所承担的不仅是个人使命，更是整个事业的成败，甚至是世界性的责任。当他想真正面对自己心爱的人时，其结果注定是悲哀的。这种悲哀包含了艾尔弗莱德生命的尊严和骄傲，同样也包含了与艾尔弗莱德一样有所作为的"X训练营"的每一个男人……

时光流逝，神秘而意义深重的训练营覆上一层岁月的轻纱，后来，没有人知道那里究竟发生过什么，或正在进行着什么，人们只是习惯地称其为"X"训练营，因为"X"不仅是艾尔弗莱德的任务代号，而且还代表了种种未知。艾尔弗莱德和他的"X训练营"在战火纷飞的年代演绎着别样的传奇，犹如金戈铁马的边塞诗，声声诉说的尽是往日情怀，也许，唯此才是"X训练营"最好的结局。

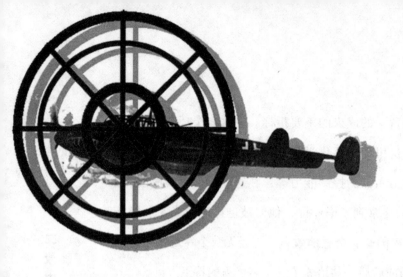

奥古斯丁·普热乌奇尔

奥古斯丁·普热乌奇尔的少年时代是在捷克度过的，他的家世背景尚算显赫丰厚，但是在那里，他这段童年岁月的生活过得并不愉快。他的家庭当中没有父亲这个角色，专横跋扈的外祖父，唯唯诺诺的母亲，让他的生活始终处于一种被严厉支配的状态之下。无论在哪一方面，他都没有太多的自由可言。不过，在这种备受压抑的环境下，他也有着自己的一片情感天地。

奥古斯丁·普热乌奇尔

历史的镜头推回到 1941 年的 9 月 18 日，一架英国皇家空军的飓风战斗机在演习时脱离了队伍，不久队友的步话机中传来了这架飞机飞行员焦急的声音："引擎失灵，请求帮助……"队友赶到出事的水域范围，一遍遍地仔细寻找，然而只见茫茫的一片大海。显然，无情的大海吞噬了一个英雄的生命。

近 60 年的时光一晃而过，当一位航空史的业余研究者看到一张 1941 年德国空军老照片的时候，他惊讶地发现，一架英国飓风式战机混杂在德国空军飞行编队中！这架飞机经过了改头换面，打上了德国人的标签，不过明显很仓促，英国皇家空军的飞行编号还隐约可见。这架飞机是那架"失事"的飞机吗？难道……

经过仔细调研，人们所获得的资料非常有限，只知道这位"失事"飞机的飞行员名字叫做奥古斯丁·普热乌奇尔，出生于捷克，18 岁进入捷克空军学院。于二战期间前往英国驾驶飞机帮助盟军作战。

真相像一座漂浮在史海之中的冰山，然而人们只看到了冰山顶端的一角，隐藏在水面之下的远远不是人们所能想象的。

奥古斯丁·普热乌奇尔的少年时代是在捷克度过的，他的家世背景尚算显赫丰厚，但是在那里，他这段童年岁月的生活过得并不愉快。他的家庭当中没有父亲这个角色，专横跋扈的外祖父，唯唯诺诺的母亲，让他的生活始终处于一种被严厉支配的状态之下。

这一天，从村头走来一个又黑又瘦的老人，带个毡皮帽子，两边帽檐遮耳处翻起来，两道浓眉下一双眼睛虽然有些污浊但仍然锋利。两个小孩子在路边跑来跑去，看到老人远远过来就蹦蹦跳跳躲到树后，好像刹那间天地都安静了。他们慢慢地将头从树干旁伸出来，偷偷地看老人的脸，然后又缩回去，不一会儿又伸了出来，就这样乐此不疲地偷窥着。一道疤痕从老人的眉心处开始斜着向下划过左脸颊。疤痕很深，两侧的肉像小山丘一样耸在脸上，这两座并行的"山脊"上布满一道道深纹，像干裂的嘴唇，又像蜈蚣的腹节。

小孩子看到老人走近，都屏住了呼吸，待老人走远了，这才长长地舒了一口气，开始争论这位老人脸上的疤是怎么来的……

"你们看到奥古斯丁没有？"老人突然站住，转过身来，用低哑阴沉的声音向两个小孩子喊道。

"没有。"长着橘黄色头发的小家伙的把头摇得像波浪鼓，躲到另一个穿着花裤子的小孩子的身后。

"我下午看到他时，他好像说要去后山捉鱼。"穿花裤子的小孩子终于鼓起勇气说着。

老人抬头看看仿佛已经辛劳了一天，渐渐没有了精神头的太阳，长叹了口气。

从后山的小河沟到村子的路上，一群小孩正拿着战利品往家中紧赶慢赶着。一个金色头发的男孩牢牢地抱着一个破得不能再破的小木桶，他的头发湿乎乎地趴在宽宽的额头上，一双兴奋的翡翠绿色的眼睛放出兴奋的光芒。桶里的小鱼儿时不时地地蹦起，溅起的水花溅到小男孩那略显苍白的皮肤上，在夕阳的余晖中闪烁着光彩。

"奥古斯丁，再给我一条鱼可以吗？"一个小不点可怜巴巴地看着抱着桶的小男孩，他们才认识三四天，虽说小孩子很容易玩儿到一块儿，但还没有熟悉到要什么东西就给的地步，所以他这样央求着，眼睛中充满渴望。

奥古斯丁看看他，稍微想了想就慷慨地说："好吧，伯莱克。这条鱼就送给你吧，不过下次捉鱼的时候你要站在我的身后，把漏网之鱼都兜起来！"

"好的！"伯莱克的眼睛闪耀着光彩。

当奥古斯丁回到家的时候，太阳已经悄悄地把半边脸藏了起来。此时的奥古斯丁有点心虚，外祖父神情严肃地坐在那儿，他本能地觉察到，外祖父是在生气。

"对不起，我回来晚了。"

"普热乌奇尔，你干什么去了？"奥古斯丁一听外祖父不像平时叫自己的名字，反而叫自己的姓，不由得一阵紧张，更加确定外祖父是真的生气了。

此时，他的小脑瓜儿里快速思考着：昨天回来得也晚，但外祖父只是稍稍有一点生气，难道这一次去捉鱼的事被他知道了？嗯，一定是这样的，外祖父一向反对我去那里捉鱼。好在我已经将鱼桶偷偷地放在库房边上了。

"我，我和他们去捉鱼了，不过，我没有下河！"奥古斯丁的话说得又慢又诚恳，但是内容却是半真半假。为了不让外祖父更加生气，他选择了不撒谎，但是，又不能将实情全部说出来，否则必定挨打，所以，如此应答，一方面肯定了自己去河边捉鱼的事实，另一方面则否定了下水的真相。说完，他低下了头，等待着即将出现的结果。果然不出所料，

二战
浪漫曲

外祖外的态度缓和了不少，紧皱的眉头也松开了。他扫了一眼奥古斯丁还有些微湿的裤脚，说："嗯，还算老实，去换条裤子吧！"

低头看了看自己的裤脚，奥古斯丁伸了伸舌头，心里嘀咕着：糟糕，被外祖父发现了，不过没有当面拆穿自己的谎言。下次一定得注意了，脱掉裤子再下水。

一边算计着下一次去哪里玩，怎样用更好的办法掩饰才不会被外祖父发现，一边向厨房走去。

从这一件事上可以看出，奥古斯丁的童年没有太多的自由可言。不过，在这种比较压抑的环境下，他也有着自己的一片情感天地。

在从小一同长大的孩童伙伴当中，有一位名叫伊万娜的姑娘，和奥古斯丁自小开始就一直非常要好。调皮而略带叛逆的奥古斯丁和比较文静的伊万娜之间似乎有一种天然的默契，尽管有着男孩女孩之间性格差异的存在，然而他们却总能很自然地玩耍到一起去。这让奥古斯丁从小就对这个姑娘抱有一种特别的情感。时间对于孩子们来说仿佛总是过得太快，很快，奥古斯丁该上中学了。

在家人的安排下，他被送入了城市里面的一所初中就读。在这里，他结识了一个对他意义重大的女孩，她的名字叫艾茵卡。

所谓不打不相识，他和艾茵卡就是从一次小矛盾中认识的，而后得知，二人是同班同学，一次重排座位后，奥古斯丁的新同桌恰好就是艾茵卡。在老师的眼里，艾茵卡是自强自立的好孩子，相信她一定能控制住调皮的学生。老师之所以如此信任这个女孩，是因为她是艾茵卡的母亲，不过，在她刚生下女儿不久后，就和丈夫离婚了。

艾茵卡的父亲曾经在第一次世界大战期间帮助奥匈帝国画一些画，有人说是地图，有人说是风景画。总之，好运似乎很难降临到这个可怜父亲的头上，或者说，好运都在逃兵役时用光了。

青春的面孔没有忧愁，然而向他们的父辈看去，战火的痕迹是刻在脸上、刻在身上、刻在灵魂深处的。大人们觉得这一切并不能使孩子受伤，幼小的心灵早早背负起某些沉重的东西，它们在冥冥之中给小孩子们造成了深远的影响。艾茵卡并不知道眼前这个脖子上缠着金项链的副校长夫人——她的班主任老师就是母亲。她一直跟着父亲生活，从未见过母亲，以为她在很久以前就已经死了。直到上初三，一个偶然的机会，才使她知道了这个秘密。

艾茵卡决定痛哭一场。这时的艾因卡和奥古斯丁已经是最亲密的人了。在艾茵卡最需要关怀的时候，她选择了挚友奥古斯丁。二人相约逃课，找到一处安静之所。她的泪水湿透了奥古斯丁的前襟，润进了男孩柔软的心窝，午后的风宁静地拂过两个人的面孔，青春年少的他们心贴着心，彼此安慰。这是两人第一次逃课，第一次凝视，第一次面红耳热。艾茵卡喜欢奥古斯丁已经很久了，欣赏他学习时认真的样子，笑他学习法语笨拙得可爱，赞叹他德语讲得如此动听，暗恋他清秀的脸庞、明媚的眼神。而艾茵卡有主见，做事态度认真端正，在某些情况下比很多男孩显得还要坚强和执着。这让习惯了和像自己一样喜欢疯疯闹闹的乡村女孩相处的奥古斯丁有了别样的感受，深深被她吸引。在这里上学的 3 年时间，调皮的奥古斯丁在这位女同学的影响下，渐渐变得更有一个学生的样子了。明天她就要走了，离开这座伤心的城市，离开自己心爱的人。难道初恋真的不可永久吗？

当艾茵卡的眼泪顺着嘴角滴落在奥古斯丁的手上，他的心仿佛被一把刀割开了一道口子，上面撒上了盐，咸咸的，很痛。他望着女孩哭红的眼睛、憔悴的面容、抽动的嘴唇，还有一句句真心实意的诉说，奥古斯丁觉得再也没有什么力量能将他们的心分开。

就像古希腊的悲剧，死亡、离别永远伴着有情人的泪水。他们约定，每月写信，直到再见的那一天。

假期来到了，奥古斯丁回到了家中，浑浑噩噩的。自己的恋爱经历让他对母亲有了新的了解。是不是有个人一直都藏在母亲的心底？

暗恋变成了初恋，她莫名地来了，随即走了。这让奥古斯丁觉得自己的心就像那天上的月亮，好像缺了一半，只有在接到信件的那几天是圆满的。

仿佛世界都改变了，深秋不再是暖黄色，笼罩在一片深蓝色里。艾茵卡哭泣的声音在脑海里回响："还记得我们的约定吗？一起上高中，上大学。你早点长大，坐船过来看我！"如果一切顺利的话，这也许将会是另一场童话中英雄与少女的约定的现实演绎。

后来，奥古斯丁就读于一所空军学院，完成几年的学业后，他留校担任了一名教员。这一年，一学期的课程已经全部结束，学校的假期悄然而至，老教授退了休，颐养天年。大多数的老师们在学校里插科打诨，悠哉乐哉地逍遥自在。然而不久就开始阴雨绵绵，几天后奥古斯丁有些闲不住了，他告了假，去布拉格散心。

然而阴天的脚步紧跟着奥古斯丁不放，一个小时的车程并没有逃出阴雨的范围。夏日溽热潮闷的空气就像不会流动的水一样，在车外时不时被雨淋，而在车内不管天下不下雨，都压抑得人喘不过气来，渐渐地又出现了潮湿腐臭的味道，令人窒息……

从车上下来，奥古斯丁钻进瓦茨拉夫广场附近的紫罗兰酒馆，以前的学校就在附近，当年只是遥看，今天可以进来歇息了。酒馆很是宽敞，横纵相交的隔断将两张或四张桌子分开，形成一块块区域，围在桌边就餐喝酒的人则在低声交谈着什么，一派安逸松弛的气氛。

奥古斯丁正四处望着，同时等侍应生过来，忽然，他的目光停住。是她吗？不是错觉吧，他再次环顾四周，发现自己还是在刚才进来的环境里，人们的笑语欢声依旧。

"艾茵卡？"他颤抖着问向斜对面邻桌相对坐着的女子。

"奥格？"女子的刀叉跌落在碟中，发出"叮当"的响声，睁大的秀目满是不可思议，"天啊！是奥格吗？"女人仓皇站起身，椅子脚在地板上磨出"咯咯"的声音。

果然是她，真的是她！这不是在做梦吧？忽然有那么一刹那，奥古斯丁好像什么都没有看见，什么也都听不见，只有眼前的这个女人，缓慢地站起来；只有眼前这个女人，用拉长的声调在说着什么。然后眼前仿佛又出现艾茵卡当年泪如雨下的样子，那湿透衣襟的泪水在奥古斯丁的心窝上铭刻出痕迹，那午后微风轻柔地拂过两个年轻人的面孔。离别的泪混在一起，咸咸的苦痛滋味……

渐渐地，一切幻像又都消失不见。只剩眼前女子的容颜，仿佛时光流转回 8 年前，什么都没有变化。

不，变了，神情变了，一种莫名的感觉涌上奥古斯丁的心头。随后，他的所见证明了他的感受：桌上有两个酒杯；她的餐盘边上还有一组餐盘；牛舌、鹅肝，靠近壳皮的瑞士干酪，又好又肥的中段香肠满满地摆在餐盘上；一瓶波尔多红酒，一瓶樱桃白兰地——她对面分明还有一个男人存在！

重逢的喜悦马上压抑住疑惑，两个人快步向对方走来，然而仿佛有一条看不见的线将艾茵卡拦住，她伸出右手，颤抖的嘴角已经说不出完整的话来，只是"奥格""奥格"的低喃。奥古斯丁伸出右手紧紧握住，她的手好凉，顺势一拉，将艾茵卡抱在怀中。

片刻，艾茵卡已经冷静下来，她轻轻推推奥古斯丁的肩膀，脚向后退一步，示意分开。于是两人彼此端详，岁月在奥古斯丁的脸上留下了孤寂的痕迹，金黄色的头发遮住有了皱纹的额头，嘴角留着的短短八字胡须，表示他不在意自己的形象，下巴清虚的胡茬挂着岁月的风霜，中间凹下的沟勾勒出颓废，如平行线永远不能相遇，永远没有终结。

"你！"两人异口同声，说过之后陷入短暂的安静，在等待对方开口。然而好像等了很久，应该自己说点什么，于是："我……"

还是异口同声，但这巧合终究打破了两个熟悉的陌生人的尴尬。

"到我这坐吧！"艾茵卡轻声地说。此时，从过道处走来了一位30多岁的男子，一身书卷气，但是目光灵动。他看到奥古斯丁和艾茵卡在一起的样子，只是错愕了一下，但他随即伸出手，问候道："你好，我是莱因哈特。请问您是……？"

"这是奥古斯丁，我在布拉格的同学。"奥古斯丁还没有来得及开口，艾茵卡就抢在前面向那个叫做莱因哈特的男子介绍道。然后，又转过头看向奥古斯丁，犹豫了片刻，向奥古斯丁介绍道："这位是我的丈夫，我们是来布拉格度蜜月的……"

与艾茵卡的不期而遇让奥古斯丁惊喜，而随之的惊喜又转变为惊讶。这让奥古斯丁神经恍惚，甚至不知道是怎么开着车回到学校的。

之后，艾茵卡曾经几次打电话来找过他，也许是因为旧情难了，奥古斯丁保持了和她的联系。而恰在此时，纳粹德国开始了对东欧地区的征服行动。继苏德台地区之后，捷克全境很快落入敌手。奥古斯丁被迫来到了波兰参加了那里的空军，但是在德国的攻击和苏联的趁火打劫之下，波兰也没有抵抗多久就全境陷落。

波兰沦陷之后，因为不愿意为德国人卖命，也不愿意坐以待毙，在艾茵卡的建议下，奥古斯丁赶在德军占领自己所在的机场前，偷偷驾驶着自己在波兰空军使用的一架飞机投奔了英国。在这里，他暂时躲开了纳粹的阴影，然而在此所受到的待遇让他并不开心。英国有着森严的等级制度和内部调查手段，在战时，有许多民间和军队内部的人都因为一些或有据可查或捕风捉影的问题而受到审查与质询。尤其当德国空军开始大举攻击英法的时候，这种行为愈演愈烈。奥古斯丁也不幸受到了牵连，他的飞机被没收，人也受到了监视。这一天，一个名叫乔布斯的人送来了一封署名为"阿道夫·吉勒古特·卡勒斯堡"的来信。

接到信后，奥古斯丁走进自己的房间，打开窗户通通屋子里的潮气，然后坐进沙发里，打开信。他的眼睛瞬间亮了起来。信的内容是这样的：

我的儿子：

这是父亲给你写的第一封信。你当然还不认识我，也许你的母亲还从来也没有向你提起过我。

有很多时候，现实常不以个人意志为转移，个人的能力着实有限，我们实在是太渺小了，而为了能更好的生活，我一直都在努力奋斗着，就是希望有一天，你的母亲和你，能够为我的成就而骄傲。

今天，我做到了，我终于实现了我的愿望，争取到了我想要的一切。而你的母亲却已经不在了。作为父亲，我一定要让你有机会分享我的荣誉和快乐。

你可以埋怨我，但是我还是要坚持和你联系。实际上，在你很小的时候，我就已经关注了你，直到今天，却发现你越长大，我就越不理解你内心的想法，为什么不试着和我聊聊呢？也许，我能够分担一下你的

二战浪漫曲

担忧。说起来，我们还是同行，但是就我个人的观点，我是不赞成你继续当飞行员了。

我也是今天才从我的老上级手中跳出来，再不会为他去卖命。原因很简单，我认为艺术品是全世界的，是没有国界的，他不属于某一个人。这几个月实在是很辛苦。

最后，希望你能相信一些身边的朋友，我相信他们会帮助你的。这是我给你写的第一封信，但是，绝不是最后一封。

保重身体！凡事要量力而行！要懂得享受生活！

永远都关心你、爱你的父亲

阿道夫·吉勒古特·卡勒斯堡

信从奥古斯丁的指缝中滑落在地上。一个从天而降的父亲！不知道他的到来是否值得欢喜；一个在自己的记忆中从未留下任何痕迹的人，现在却要尽父亲的职责；一个妻子生病时不在身边照顾，离世时仅仅只是未看她最后一眼的丈夫，现在正发出忏悔的声音。他的爱从何而来？将去往何处？

过了很久，奥古斯丁拾起了还躺在地上的信件，开始一遍又一遍地看着、回味着信中的内容，思考着父亲的思想。

很多词语都是隐晦的，为什么不说得更直接一些呢？难道是怕我遭到不必要的麻烦吗，还是怕给自己带来负担？让我去找他聊聊，可我上哪里才能够找到他呢！给出的明显的提示是'相信身边的朋友'，这'朋友'应该是谁呢？未来的？现在的？英国的？家乡的？"

父亲也是飞行员，德国飞行员，老上级——谁呢？应该是……最近有一位盖世太保头子正大肆地在捷克和波兰搜刮艺术品！

奥古斯丁带着无数的疑问陷入了深深的思考……联想到自己突然获得的飞行员资格。奥古斯丁感到了一阵迷惑，这个从未照顾过家人的父亲，为什么要在这个时候出现并对自己阐明身份呢？

第二天，在一片紧张气氛中，奥古斯丁终于接到了好消息——菲尔斯在电话中很兴奋，"你将是英国皇家空军第一位外籍飞行员！"

"是吗，怎么回事？"奥古斯丁也很好奇。

我也不清楚，今天上午伦敦监督处向我询问了一些你的情况，然后下午皇家空军打电话过来向我要走了你的档案，呵呵，就是我建立的那个档案。晚上出来喝酒吧！咱们庆祝庆祝。等等，哦，我知道了。抱歉，我要去一趟布拉格，晚上走，你有没有什么事需要我帮忙？"菲尔斯显然很忙。

"怎么了，你要去布拉格？"奥古斯丁随口问道。

"没什么，不过是旅游而已，回来见。哦，明天我的秘书会安排你到达克斯福特的 19 中队去的各项相关事宜，保重！"奥古斯丁听出了明显的"马脚"，菲尔斯的工作显然是保密的，回来见的意思就是当面说了。然而，能重回空军部队的兴奋感随即掩盖了这一闪而逝的念头。

进入一个新的部队，与之磨合的过程要比想象中的困难许多，很多英国飞行员都是没上过战场的士兵，个性也桀骜不驯，甚至有些不自量力的士兵还会看不起这个新加入的外国"逃兵"。出于对奥古斯丁背景的一些忌惮，没人敢当面嘲讽他，大都与之不温不火地相处，这和奥古斯丁的想法有些背道而驰。几个月以来，家乡的消息，波兰的消息，让他认清了纳粹政府的真正面目。它不是德国人的救世主，它会亲手将一个个普通的德国人推向战争的深渊。奥古斯丁要为这些善良的人而战，哪

二战浪漫曲

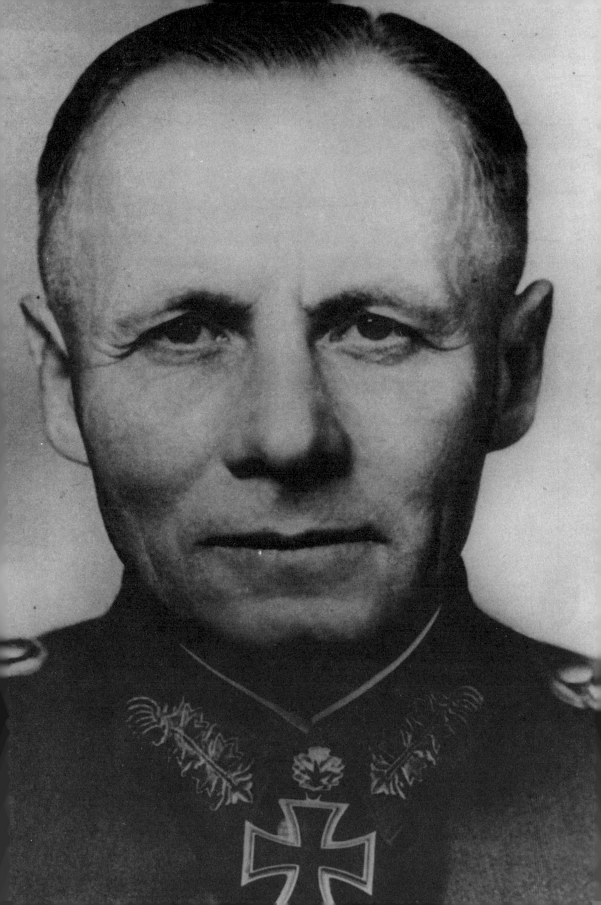

二战浪漫曲

怕流血、牺牲。然而,战场上个人的力量是有限的,只有战友们通力合作,才能有生存的可能。

19 中队是英国皇家空军的王牌中队,配备的战机皆为最先进机型。初期配备"飓风"战机,后来又增加了"喷火"战机,熟悉新战机,就是摆在奥古斯丁面前的新任务。按照中队长亨利·卡森的意见,每个人都应该是战场上的多面手,虽然给奥古斯丁分配的是老式的"长手套"双翼机,但必须在短期内熟悉"飓风"或者"喷火"。当奥古斯丁看到流线形的机身、前半部覆以全金属蒙皮的"飓风"战斗机,就喜欢上了。

"就是它了!"奥古斯丁这么说。

"好吧!小伙子,进里面去感受一下。"队友们都聚过来看热闹,毕竟"飓风"战机的座舱盖是向后滑动打开的,这和以往的战斗机都不一样。很多飞行员第一次上"飓风"都久寻其门而不入。当然这样设计的好处是方便飞行员跳伞时紧急脱离。

现在大家都眼看着这个"外来者"出丑。没想到奥古斯丁轻轻地向后一拨座舱盖,然后双手一扶,就跳了进去。大家都睁大了眼睛,猜测着难道这个人以前用过"飓风"。人们都不知道,奥古斯丁从来就没有忘记过老师的"课外作业"——始终关注各国的战机。对于"飓风"战机的这处明显改进,他在波兰的空军内刊上曾详细研究过。没想到在这里给了大家一个惊讶。

接着就是熟悉仪表盘,各项操作注意事项。几天后,他飞上了蓝天。丹尼斯第一个打来了电话表示祝贺,并高兴地"讨功",该怎么感谢他呢?他可是花费了大气力才找到监督处朋友帮忙的啊!想到这儿,他不禁心生疑问,为自己如此顺利成为外籍飞行员而感到不可思议,这其中的隐情是否与父亲有关！

局势越来越恶劣。5月的某一天，德军从荷兰至法国全线毫无征兆的发起攻击，荷兰、比利时、卢森堡等国相继陷落。英国空军的警界级别被调到了黄色。一周之后中队被派遣到法国前线。在接下来的短短的10天里，飓风即被击落250架。

"品字形编队飞行简直要人命！"大家的抱怨终于被上面听到，而战友的离去也让奥古斯丁认识到了战争的残酷。

不断有新的飞机从后方被派过来，奥古斯丁目前就是空中运输员。对于战友们的抱怨，他自然是理解的，在训练时自己作为僚机只顾着和长机保持100米距离了，这是一件相当分散精力的事。而且，一旦后方出现敌机的踪影，长机必须花数秒钟时间提示僚机作准备。而在这短短几秒，往往已被德军战斗机咬住开火，这在空战中足以定胜负。

在这段时间，丹尼斯的电话打过来了，他在不经意间问起了奥古斯丁对"飓风"的感受。奥古斯丁实话实说，没想到很快得到了嘉奖：任务执行完毕后，他将正式拥有一架自己的"飓风"战机。同时，19中队内部得到指令，不必保持品字型飞行编队，而采用德国人的一字型编队，并要求定时上报实验效果。

实验的时机和场合都不期而至。时间是两天后的20日，地点是法国和比利时边境的敦刻尔克地区。英法联军约40个师在这里被德军三面包围，而另一面是大海。他们的处境非常危急，惟一的生路，就是设法从海上撤往英国。

空军在集结，大家只有一个目的，挡住德国空军。空中飞机运输队的奥古斯丁此时就要起飞，他只想到了一个办法，给父亲送去一个消息：英国空军不行了，"飓风"飞机在前面遭遇战中的损失是250架，根本抵抗不过德国空军的进攻。这个消息如果能够通过父亲传到政府那里，从西班牙到波兰，从丹麦到挪威，一路顺风顺水的盖世太保头子会怎么做呢？如此旷世之功，凭借此时政府对他的信任，他怎会让它旁落人手？与其陆、海、空三方都受敌，为什么不让盖世太保头子的空军一家来做这件事，也许转机就在此时出现了呢。

传递消息的"唯一"方法，就是通过艾茵卡的渠道来完成这项艰巨的任务——这是他拿到信那天最后的思考答案与不敢确凿之处。如果艾茵卡能够顺利地传达了这些消息就太好了，她就是我们传递信息的"中间人"了！

每个离别战场的人如果有机会和家人道别，是被允许和鼓励的，这就是英国政府人性化的地方。当奥古斯丁抱起艾茵卡时，艾茵卡很惊异；当她听到耳边传来这么重要的信息时，更是惊讶和难过。她知道，眼前的这个人，要和自己永别了，即使是从战场上回来，也不会再来见自己。作为19中队后备军的一员，奥古斯丁此时不得不冲向前方。

据奥古斯丁所了解到的，号称"欧洲空军第一强国"的法国，被德国在10天前的一次空袭活动中大伤元气，大多数飞机还没等起飞就被消灭在地面上。然后，取得制空权的德军势如破竹，短短10天的时间，就将英法联军40多万人困在敦刻尔克的狭小地带内。这些人一定要被解救出来。

令人称奇的一幕出现了，德国人放弃了地面进攻，只有飞机在头顶呼啸。奥古斯丁和其他飞行员们，已经为参战做好了准备。此时，他们正集合在飞机员待机室里，静静地等待着出击的命令。目前，英国皇家空军的参战部队有1、19、73、85、87五个中队，而德国人则要多一些。据情报说，可能会有500架战斗机，400架轰炸机。皇家空军作战的重点就在于歼灭敌人的轰炸机。

这一命令下达之后，攻击队的所有队员们都集合在飞机员待机室里，静静地等待着出击的命令。一块黑板挂在飞行员待机室墙壁上，上面写着这次需要保护的一些区域的准备位置，包括滩头阵地、停泊区等。万事俱备，只欠东风了。飞行员们有的闭目养神，有的紧张地盯着黑板上标志的若干地点若有所思。

时间老人迈着沉重的步伐，不急不缓地终于走到了命令即将下达的时刻。全体飞行人员以百米冲刺的速度奔向夜色中的停机坪，奥古斯丁很快地跑到自己的 Z465 面前，跳上登机梯，跨入座舱下面，并系好了各种带扣。之后，内勤人员马上过来，递来头盔。奥古斯丁带好头盔，接上了管线，拔掉了座椅上的保险栓。一切准备就绪，地勤人员就退了下来，并撤走登机梯，站到了一边。奥古斯丁伸手将玻璃做舱盖从后面拉到前面，合上，锁定。他默念着起飞前检查程序，开始着手启动。发动机爆发出了刺耳的轰鸣声，转速越来越高，最后平稳下来，此时，前面的一个双机编队"喷火"战斗机已经在跑道的尽头快速起飞，只看见两条炽烈的蓝色尾焰，之后便消失在夜空中。40 多架战斗机都已经起飞了。在夜色里，机翼上的防撞频闪灯都在黑暗中极短地闪亮着眼睛，此起彼伏，整个机群显得蔚为壮观。

19 中队的两组飞行编队正在向预定的方向推移，此时，奥古斯丁的心里有种莫名地兴奋，德国佬，见鬼去吧！

战斗激烈进行，双方的飞机都以极快的速度向对方冲击。此时，给飞行员们的感觉就是：似乎在弥漫的沙场上，身穿盔甲的勇士们驾驭着飞驰着的战马，手握长矛，勇敢地冲向迎面而来敌人。在双方接近的那一刻，所有人的表情都已经极度扭曲，发出野兽般的叫喊，他们都会用

二战浪漫曲

ORMOZ km 23

ZAGREB km 125

BUDAPEST km 34

二战
浪漫曲

尽全力将长矛刺向对方的心窝。

在这残忍而冷酷的战斗中，双方都竭尽全力，他们为了摆脱死亡，摆脱战场上的恐惧，为了自己已经牺牲的同伴而报仇，为了生存的最后一点希望，每个士兵都凝聚了哪怕是仅有的力量，奋起搏击。即使这样，很多人仍然要面临死亡的命运，他们再也没有机会看见明天的日光了，他们把生命先给了大地。在厮杀的战斗中，战士们的鲜血喷洒出来，溅满全身，染红了大地。

双方的飞机的数量也在迅速地减少，奥古斯丁的其他战友陆陆续续地坠下，一直在旁边的 Z303 号，也在空中消失了！

不到半个小时的时间里，德军飞机数量只剩下一半了，中队的飞机也只剩下 20 多架了。然而，奥古斯丁的飞机此时已经不能在坚持作战了，否则，回程的燃料就要不够用了。

就在那一刹那间，耳机中发出了一阵急促的警告声："Z465，背后有敌机……"

"前面也出现一架敌机，好像是梅塞施米特式战斗机，它向往低空钻，我要截住它！啊！打中啦！我是 Z465，奥古斯丁·普热乌奇尔"

"我击落了一架俯冲式轰炸机！"

"好！太棒了！Z465 真是好样的！"

奥古斯丁此时已经冷静下来，他告诉自己，需要返航了。

在此役中，奥古斯丁打出了不错的成绩，英法部队含恨逃离了法国，撤到了英吉利海峡对面的英国土地上。数年前发生在波兰和捷克的一幕再度重演，法国终于也变成了德国人的囊中之物。

因为作战劳累，奥古斯丁得了病，不得不请假回家休息，在此期间。上次和乔布斯一同送信给自己的一位名叫罗伯特的人突然上门拜访，这是一个性格活泼的人。和上次不一样，罗伯特并没有隐瞒自己的身份，他告诉奥古斯丁，自己和乔布斯一样，都是为奥古斯丁的父亲工作的。他们虽然都是德国人，但是并不赞同希特勒的政治主张，因此希望能够以帮助英法打击希特勒疯狂侵略的方式来逼迫他下台，让德国走上另一条执政轨迹。罗伯特非常健谈，奥古斯丁对他印象很好。当天的谈话结束之后，罗伯特交给了他一个十字架信物，告诉他，务必要将这个代为转交到一位在法国的瑟堡郊区红顶大教堂的神甫手中，并从他那里收回几封重要的信件。因为法国已经被德国占领，罗伯特特别叮嘱奥古斯丁，如有万一，这些信件宁可销毁也绝不能落到德国人手里。

按照罗伯特所说的，奥古斯丁将十字架送到了神甫那里。但是神甫将信交给他的时候，神情看起来有些怪怪的，似乎信里面的内容有些非同一般。奥古斯丁没有想太多，随手打开信，大致浏览了信件前部分的内容。不料一见之下，却大吃了一惊。

这原来是一封从首相官邸发往美国白宫的特殊的秘密公函，英国首相丘吉尔在信中向美国总统罗斯福透露，目前因为连续作战，英国的财政资源已经支撑不了多久，眼看就要枯竭了。奥古斯丁陷入了沉思，不用再看信的后面，他也深深明白这封信意味着什么，明白丘吉尔写这封信的意图。因为从丘吉尔的描述来看，英国很快就会丧失使用现款支付运费和购买供给品的能力，这封信显然是一封求救信。

美国的中立法以及其他立法中明确规定交战国要想购买武器就必须使用现款，没有现款就意味着没有武器来源，财力枯竭的英国必须想尽一切办法增加财政资源。国内财力已经到了山穷水尽的地步，丘吉尔唯一想到解决武器问题的办法就是请求罗斯福，希望能够由美国拨出几千架飞机以及几百艘的轮船援助英国。

奥古斯丁继续看下去，信中丘吉尔还请求美国能够破除陈规，做一个史无前例的决定。美国不用派出一兵一卒进行支援，只要供给英国武器就是仁至义尽了。不知道美国人能否做点什么？但是可以肯定的是，如果这件事被德国知道了，他们肯定会做！

他打开了第二封信，仍然是丘吉尔写给罗斯福的信，讲述了考文垂遭受轰炸后英国的困境。

第二次世界大战爆发后不久，德国海军参谋人员就攻打英国的问题进行了专题研究。德国人认为入侵大不列颠的唯一方法就是渡过英吉利海峡，只有先通过了英吉利海峡狭窄的海面，才能实现入侵大不列颠的战略计划。他们对这一想法深信不疑，而且从来没有想过沿用别的方法达到目的。

虽然英国事先并不知道德国的作战计划，但是，如果德国从英吉利海峡进犯英国，就正好碰上英国防御设施最巩固的海岸。对于英国来说，不仅拥有压倒性的海军优势，而且再也找不到一个地方像这里一样，能够集中这么大规模的陆、海、空兵力迅速地投入战斗了。

很快，德军就开始了对英国的狂轰乱炸，德军飞机在英国的上空投下无数枚炸弹，使英国这块古老的土地千疮百孔。

空袭就这样持续到了 10 月份，丘吉尔在同僚们的支持下重新安排了部分人员的职务，英国内阁产生了重大的人事变动。由于伦敦是敌人首先打击的地方，因此一直到 10 月初，德国对这座城市的不断空袭依旧非常猛烈。

与此同时，丘吉尔安排约翰·安德森爵士出任枢密院长。约翰·安德森原本在内政部工作得非常出色，而且还曾经坚定而妥善地应付了对伦敦的闪电轰炸。现在，让内政委员会的权限更加宽泛，它可以完成很多任务，减轻内阁的负担。这样安排约翰·安德森的工作，丘吉尔自己不至于分散精力，可以更多地投入到战争的指挥当中。

德国空军夜袭后，建筑物严重毁坏，一夜之间数万人无家可归。炮弹产生的大火无法得到控制，无奈，伦敦市民只能自己站在屋顶上充当消防队员，不间断地瞭望无法控制的大火，防止人员伤亡。德国漫无目的地投放炸弹，军方无法预测炸弹落点，就连医院也受到敌人的轰炸。

伦敦呈现出一片惨状，破烂不堪的建筑物，破碎的街面，横卧的尸体，成千上万的人们挤在潮湿阴冷的防空洞中，没有卫生保障，没有医疗救助，甚至没有安全保证，人们脸上疲惫不堪的神情透露出他们的无助。没有人知道这种非人的生活还能持续多久，也没有人能够预测这种惨况会不会更加严重。因此，当丘吉尔邀请莫里森出任内政大臣时，他感受到了一份无法担负的责任，他充分了解一旦担任了内政大臣一职，就应该具有一份常人无法相比的决心和耐力。经过了几个小时的凝神思考，莫里森决定担任这一职位，他认为这是人民需要他的时刻。就这样，新的内政大臣到位，并立刻全身心地投入到工作中。

面对伦敦乃至国内的整体形势，新的内政大臣就职后，为了使他们能够行使国家赋予的一切权力，丘吉尔在每周五开一次各部门之间的讨论会。

战况变化无常，内阁官员交替，敌人也改变了他们的空袭计划。最初时，德国空军对英国的空袭，大多都使用烈性炸药炸弹。然而在10月15日夜里，德国空军对英国展开了本月份中最猛烈的袭击，将近500架德机在英国土地上投下300多吨烈性炸药，另外扔了7万颗烧夷弹。这一行动打乱了内阁原来的部署计划，新就任的国内安全大臣不得不重新制订应对策略。

经过研究，英国各城市都采取了各不相同的措施，伦敦也很快成立了一个规模巨大的防火瞭望哨和消防队。由于军队根本没有闲余人员，因此，最初的防火瞭望哨都依靠志愿人员维持。无论白天还是夜晚，这些人都要轮流站岗，因此需要的人数也越来越多，不久，更多的人加入到防火瞭望工作中。这似乎成了伦敦市民应尽的义务，不积极参加的人都要受到唾骂和鄙夷。

随着时间的推移，越来越多的妇女、老人甚至是孩子都争先恐后地加入到这份工作中来。毫无疑问，它对各层面的人都有激励作用。考虑到担任防火瞭望工作的都是些市民，没有任何的经验，在内阁的组织下筹办了大量的训练班，专门负责教防火瞭望哨怎样对付来自敌方的烧夷弹。训练班还没结束，很多人已经十分专业，敌人投放的几千颗烧夷弹尚未扩大燃烧程度，火已经被灭了。

这样的情形持续了半个月。半个月之后，德军又开始了异常猛烈的空袭，并把主力调去摧毁英国的工业中心。每次袭击的都是英国重要地点，而且派遣的也都是配备了新式导航设备和经过专门训练的特殊轰炸机中队。

德国空军在戈林的指挥下，实施了新的轰炸战术。考文垂成了德国进行闪电轰炸的开始之地。考文垂被夷为平地，在短时期内，一切活动都无法继续。这些骇人的战果似乎是德国空军在发泄不列颠之战中屡次受挫积压的情绪。为了给英国人民造成恐慌，柏林的宣传员甚至扬言德国在接下来的几个月要继续对英国全岛"考文垂化"，这也是丘吉尔的来信中所提到的前所未有、难以估量的压力。

第三封信的内容，是罗斯福发给英国国王乔治六世的电报抄件。原来，还没等罗斯福从丘吉尔的长信中抽出思绪，3天后，国务卿赫尔又

二战中的王牌间谍

发来一封令他极为震惊、十分痛惜的电报——英国驻美大使洛西恩勋爵去世了。罗斯福在沉痛之余，立刻起草了一份电报，并通过国务院转给了英国国王乔治六世。

罗斯福在电报中，不仅仅象征性地表达了例行哀悼，而且还对洛西恩勋爵表达了高度的认可和赞赏。洛西恩勋爵对于罗斯福有着非比寻常的意义，对于罗斯福和丘吉尔之间的交涉起着重要的作用。他不仅能深切地体会到罗斯福的语言，并且能够完美地将罗斯福的意图转述给丘吉尔。此外，他还充分认识到罗斯福政途中遇到的种种障碍和阻绊，在提要求时，可以小心谨慎地避开罗斯福的"敏感地带"。在罗斯福看来，几乎没有人能够取代洛西恩的地位和作用。因此，在这个异常的时刻，洛西恩的逝世让罗斯福真切地感受到这是一个巨大的损失。

接下来发生的事情是有目共睹的。12月17日，罗斯福回到华盛顿的第二天，他举行了一次别开生面的记者招待会。在上面，罗斯福否定了为英国提供贷款的说法，让英国自行购买和美国主动赠送物资给英国这两种想法，然后提出了自己构思的中间路线——对英国需要的物资和装备实行出租和出借。

罗斯福讲了一个故事，故事的内容说邻宅起火后，有一个人免费把他的浇园水管借给了邻居，帮助他灭火以避免火焰烧到自家的房屋上面。虽然故事的内容很简单，但是却耐人寻味、发人深省，其中暗含了自己的一些想法和将来的打算。浅显易懂的故事引出不同的反应：支持罗斯福的人拍手称赞，声称是个高招；反对罗斯福的孤立派则充满怀疑，对此不敢相信。美国多次表示对英国必须要支持。

从一段时间以前，德国人就知道美国人在这场战争中对英国的暧昧态度，但是不知道英国人的困境。这是这些信件背后的价值。

二
战
浪
漫
曲

罗斯福意识到了英国局势的险恶，然而，丘吉尔没有考虑到罗斯福的困难。那就是：如何才能取得国会和人民的支持，针对这个问题丘吉尔也没有提出任何意见和建议。毕竟此时的英国确实陷入了水深火热的境地。

后来的历史发展让奥古斯丁的担心成为了现实——面对国内掀起的浪潮，罗斯福认为应该当机立断。1941年1月6日，罗斯福出席联席会议并发表国情咨文。罗斯福指出，向盟国提供援助并不是战争行动。一旦英国沦陷，美国就会成为被攻击的对象。当美国受到外界威胁时，应该改变国家政策，充分表达公众意志，而抛弃党派的偏见。他提出了人类的四大自由，自由代表了文明社会的希望。

不仅如此，罗斯福还在国情咨文中请求本届国会授权给予充分的款项，用于制造军火和军用物资，交给正在进行反侵略战争的国家。

随着拥护的呼声越来越高，罗斯福也采取了越来越强硬的态度。1月10日，罗斯福提交给国会一份租借法案，并将标题定为《进一步促进美国国防及其他目标的法案》。

国会的成员非常慎重，因为一旦这项法案被批准，那么美国的立场就发生了质的变化，就会从一个慎之又慎的中立国变成一个活跃的非交战国。尽管国会的孤立派进行了各方面的阻挠，但是，罗斯福的讲话唤醒了许多美国人，使美国人的情绪和舆论发生了变化，美国人民不再是孤立主义者了。民意测验表明，有百分之七十二的人支持《租借法》。1941年3月11日，罗斯福签署了《租借法》。

《租借法》的签署，不仅意味着英国对抗德国的战争的支持，而且还意味着对苏联的反法西斯战争的支持。据统计，从《租借法》的签订到第二次世界大战的结束，美国一共向盟国提供了价值500亿美元左右的货物和劳务。为了确保《租借法》能顺利实施，也是为了确保物资能够安全抵达反法西斯侵略的人们手中，罗斯福针对希特勒的"海狮作战"计划提出了海军护航措施，许多美军舰艇受命加入到了对物资运输船的护送当中。

英国军民在罗斯福的支援下坚持抵御德国的侵略，经过不断努力，他们迎来了曙光。自从 1940 年 4 月 9 日在挪威海面遭受败绩以来，德国海军已不能为陆军入侵大不列颠提供足够的支持。在之后的不列颠空战中，英国空军越战越勇，德国空军则实力受损，对伦敦等城市的轰炸又没有取得一些有意义的战果。德国陆军已经没有希望渡过英吉利海峡了。更为重要的是，此时希特勒的兴趣已不在这里，他的眼睛紧盯着东方。"海狮作战"计划被闲置起来。

在完成了这次任务之后，罗伯特再次来到了这里。但是这一次，他的脸色非常糟糕。从罗伯特的口中，奥古斯丁知道了他的身份。和乔布斯一样，他和莱因哈特、艾茵卡都为他的父亲卡勒斯堡上校做事。乔布斯是父亲在阴影中的武器。而罗伯特则是联络人，同时也是莱因哈特的监视人。而毕竟卡勒斯堡将国外的产业交由莱因哈特掌管，是需要监督的。而作为土生土长的德国贵族，罗伯特从小对金融就不陌生，加入特务机构后，他的这一特长也有了用武之地。而在监视莱因哈特的过程中，他也喜欢上了艾茵卡。

早在捷克和波兰时，奥古斯丁就觉得艾茵卡建议自己前往英国的话有些蹊跷，也想象过艾茵卡的身份，如今从罗伯特的口中得到证实。但是当罗伯特神色凝重地告诉他艾茵卡已经故世了的时候，奥古斯丁的心里轰隆了一声。他向罗伯特追问艾茵卡的死因，罗伯特告诉他：原本他并不知道，但是后来打听得知，正是乔布斯因为妒忌莱因哈特掌握着大量的金钱而构陷了他，让卡勒斯堡上校误认为他对自己有出卖之心，愤而对夫妻二人下了格杀的指令。正是乔布斯亲手杀害了身在波兰的他们。而迟到一步的自己因为情况掌握不足，没能挽救这两个人的性命，看到的只有两人横尸的悲惨场面。然而上校方面告诉他的却是说莱因哈特因为为德国人工作的身份暴露而遭到苏联方面派人攻击而死，但是罗伯特并不愿意相信这一点。

自此，乔布斯几乎成了所有人的敌人，但是奥古斯丁找不到他，自从罗伯特有了新任务、新身份后，他也很少能再看到乔布斯。卡勒斯堡上校似乎特意将他和乔布斯的行动错开布置，避免他和乔布斯发生接触。和此时的奥古斯丁差不多，英国也无暇抽出身来对付自己最大的敌人。因为意大利已经接替了德国，成为了横在英国面前的新对手。早在 1940年 6 月，敦刻尔克大撤退成功之后，英德双方先前达成的协议也就作废了。这让意大利元首墨索里尼自以为英国已经距离步法国后尘不远了，半个月后，墨索里尼先后同法国和英国开战。墨索里尼狂妄自大，自认为是恺撒的后裔，每天都做着重建罗马的美梦。很早他就窥视英国在北非的利益，想将其据为己有，可又害怕英国强大的武力。

法兰西战役之后，这个疯子认为时机已经成熟，因为这时他找到德国这样一个强大的盟友。接着，他下令发动了入侵埃及的战争，由伦道夫·格拉齐亚尼挂帅，趁着德国 9 月轰炸英伦三岛最猛烈之际，带领 50万意军出发了。但是，这次行动并没有通知希特勒，这令心高气傲的德国元首气愤了好一阵子，以至于他在召见隆美尔时，愤恨地表示不给非洲提供一点援助。

丘吉尔截然不同，他认为，如果地中海无法通行，那么英国只能绕路到好望角，这等于被意大利阻断了关键航道。丘吉尔断然决定向埃及派出援兵，这给驻非英军司令独目将军韦维尔以很大支持。此时，不列颠上空激战正酣，抽调精锐兵力，看似不合理，实则丘吉尔早已通过"超级机密"了解到德国人在空战胜利之前是不会渡海登陆的。果然，没有德军支援的拖拉散漫的意大利军队被以韦维尔为司令的当地英国驻军打得节节败退，不断给饱受轰炸的英国后方传来振奋人心的好消息。

德国人在不列颠上空的轰炸渐渐偃旗息鼓了，而英国则在缓慢而坚定地复苏着。随着军备和征兵的顺利展开，到了1941年，英国人终于为出手做好了准备。现在，有了一个良好的出兵时机。丘吉尔再次将目光放在了北非，这里空间广阔，适合周旋。

德军最高统帅部看到自己的盟友在北非战场节节败退，决定伸出援助之手，以保住法西斯在这里的势力，打击英联邦军队。

1941年初，隆美尔接到新任务，被改任为利比亚军队的司令。2月12日，他率领他的部队抵达的黎波里。

隆美尔刚到北非不久，就摆脱了意军总司令对他的种种限制，取得了完全的行动自由权。

3月31日，隆美尔进攻阿盖拉，英国的装甲旅在德国装甲部队面前几乎不堪一击。4月2日，德军攻占阿杰达比亚。英军决定退出班加西。4月6日晚，在撤回军队的途中，英军的高级指挥官尼姆中将和高级顾问奥康纳被德国军队抓到。

4月7日，丘吉尔下令坚守土布鲁克，他在给北非英军统帅韦维尔将军的电报里指示说："土布鲁克似乎是应死守而决不作撤退之想的一个地方"。

12日，德意联军攻占了巴迪亚。隆美尔的机械化部队迅速抵达布鲁克附近。英军坚决执行了首相的命令，击退了隆美尔的进攻。

接着，战事出现了转机。16 日凌晨，英国的 4 艘驱逐舰与一支在 3 艘驱逐舰护卫下运载军火和机动车辆的 5 艘运输船组成的德意船队发生遭遇战。英国人再次展现了他们在海面上的作战优势，击沉了所有敌舰，而己方只损失了 1 艘驱逐舰。

德意联军的进攻势头遇到了挫折，局势稍显平稳。4 月下旬，一支拥有 400 辆坦克的德国装甲师抵达利比亚，英军受到严重威胁。丘吉尔顾不得海军的强烈反对，冒险将 307 辆坦克直接通过地中海运抵北非。因为按照原计划绕道好望角，尽管安全，但需要太长时间，到那时，也许战局将更加危险。

5 月间，英军发动了一系列的反击战，但都被隆美尔强大的装甲部队击退了。韦维尔将军刚刚从格拉齐亚尼元帅头上抢过来的桂冠，转瞬间便被隆美尔摘走了。隆美尔凭借自己在北非的杰出表现，得到了"沙漠之狐"的称号。

到了北非的第 15 个星期，他就推进了 1600 公里，帮助了意大利盟友，将利齿镶在了英国人的胸口上。现在，只剩下埃及了。
英国人增兵了，选择在德国人紧锣密鼓准备进攻苏联的时候。北非由原来的 1940 年 9 月份的 5 万驻军变成了 1941 年 7 月份的 13 万人——4 个师、3 个旅、700 多辆坦克。

然而，这些人力和物质的运输却出了问题，4 月份的冒险运送坦克的行为给德国人提了醒。英国的海运船常常遭到德国潜艇和远程轰炸机的阻挠，特别是在克里特岛战役期间，这引起了英国方面的重视。

克里特岛位于地中海，岛上的天然良港苏达湾，拥有地中海地区最好的燃料基地，同时逐步发展的飞机场使得空军的作战半径覆盖到了罗马尼亚。更重要的是，守住这里，对北非的埃及有莫大的帮助。而克里特岛如落入意大利手中，将大大增加地中海的困难。因此，丘吉尔命令守军在德国军队还没有出现在那里的时候，将克里特建设成为永久性的作战要塞。

1941年3月27日，南斯拉夫政府发生了严重的变局，组成了反德的新政府。在这位新盟友提供的便利之下，英国人停放在克里特岛空军基地的飞机，可以很轻松地炸掉罗马尼亚油田。这是希特勒所不能接受的。很快，德国李斯特元帅的第十二集团军开进巴尔干。

南斯拉夫新政府很快就投降了。在意大利人面前英勇善战的希腊人，被德国人打得一败涂地。英国见状，急忙从利比亚调集4个师，共3万人，开赴希腊。这些刚刚在对意作战中取得大胜的英国军队，很快就感受到了德国人与意大利人的不同，他们同希腊人一样，被打得大败。英军和希腊国王及政府带领残余部队一起退往克里特岛。

德国人将目标放在了克里特岛，这里的防守形势不容乐观，参加守卫此岛的来自各方面的军队，仅有2.8万人，岛上还有6000名意大利战俘需要看守。

而德国方面，则是占尽优势，参战飞机达1280架，克里特岛守军无法与之相比。战斗在5月20日打响，战争史上第一次大规模使用空降部队进攻，1万多名德国伞兵从天空飘下，还有7千多人从海洋登上陆地。德国的潜艇和轰炸机参与了这次作战，守岛部队虽奋力激战，但终因实力不济而于7天后撤离克里特岛，希腊国王和政府亦随同撤出。

在这几次战斗当中，海军的护航能力不足，特别是舰载机的能力不足被充分暴露了出来。现役的格罗斯特"角斗士"舰载战斗机是1937年进入部队服役的，它的翼展为9.85米，机身长度8.38米，最大起飞重量2449公斤，航速为每小时392千米，最大航程680千米，属于老式的双翼战斗机。在与德国空军的对抗中处于全面的下风。此时空军部接到命令，提供一个方案：找到一种现役飞机，进行适当改造，以适应海上起航和降落。思路是定下了，什么飞机合适呢？怎么改造呢？

在这时，一种以往的空军备选方案、叫做"管鼻藿"的舰载战斗机已经进入了决策者的视野。这种战斗机原来是为皇家空军设计的，由于落选而进行了后续的改进，以适应海军舰载机需求。改进后，在火力和重量上可与"飓风"和"喷火"战斗机相匹敌，虽然它的速度较之"飓风"和"喷火"稍稍慢了些，每小时只有 440 千米，但时间紧迫，还是可以用来替代"海斗士"舰载机的。

命令下达后，包括第 19 飞行中队在内的一些中队接受指示，抽调一些飞行员进驻飞机厂进行改装与试飞实验——原有的试飞流程已经不适应急促的战争需求了。抽调的飞行员包括"飓风"战机和"喷火"战机驾驶员，这些身经百战的飞行员比没有参与过战斗的试飞员更清楚改进的方向。飞行员和试飞员两者配合，效果会更好。奥古斯丁也被抽调到了霍克公司，霍克公司生产的"飓风"战斗机正是奥古斯丁的座驾。

被抽调参与试飞工作，不仅要求经验丰富，还要求技术精湛，这是因为舰载机的起落和陆地上截然不同，对起飞长度、最高起飞速度、着落角度等有着严格的要求。这是一件高风险的工作。试验失事的飞行员不会有正面的英雄报道，反而为了保密，会用演习等字样一语带过。奥古斯丁能参与试飞，还有一个重要的原因，那就是他的主动请缨参与实验。他向上级讲述了他的一大优势——空军学校助教的身份。这让他毫无疑义地进入到了试飞员的行列。

他必须成为试飞员，因为在他的心中，已经有了一个计划：去德国，追查艾茵卡的死因！他不能确定究竟是苏联人干的，还是乔布斯所为。

在英国，他已经尽力了，但是毫无头绪。自从乔布斯上次失踪后，就一直没再出现，这也是奥古斯丁需要了解的。这一切也许只有德国能够给自己答案。而以他战斗机飞行员的身份去德国简直是千难万难。试飞员正是一个好机会，在他的心中已经有了一个大概的思路。

面对曾给他庇护的和他为之战斗过的这个国家，他的心中充满了敬意。那些他所经历的、接触的有血有肉的灵魂给了他面对纳粹的勇气和力量。决定离开，不是背叛，恰似背叛，他不想留下遗憾，而想尽力弥补，于是，奥古斯丁花费了很大的心力投入到试飞和改制当中。飞机的改装在紧张而有序地进行着，战舰实验的问题不大，但是在商船的实验上就问题重重了。一般商船的甲板长度和平整度都不够，最后加了弹射装置解决了问题。但是，降落的问题一直无法解决，最后高层终于痛下决心，战斗机迫降海面，飞行员由其他船只设法救起！

实验终于接近尾声，是时候了。9月18日，这天已经是实验的第35天了。天气阴沉沉的，只要没有进一步变恶劣，实验仍可以按照原计划展开。这正是一个好时候，实验的飞行水域位于北海，自从德国驻在挪威和丹麦由施通普夫将军所指挥的第五航空队100多架水平轰炸机在不列颠空战中被皇家空军打得落花流水后，这里就一直很安全。

通过他的确认，附近的雷达站很少，雷达还处在初期阶段，不够精密，覆盖范围有限，只有在飞机临近上空的时候才可以发出警报。所以，只要在无线电的范围内，距离海岸稍远超出雷达的范围，就可以制造失事的假象。他要"死"了，然后以另一个身份重新来过，为了这一刻，他已经期盼了很久。他的飞机从商船上起飞，消失在队友的视野里，消失在茫茫的深蓝海洋。

在瑟堡郊外，他选择把飞机降落在自己上次曾经来过的那所教堂附近。对于奥古斯丁来说，到这里算是轻车熟路了。负责迎接奥古斯丁的是德国方面在巴黎的负责人戈郎诺上尉。经过了两天舟车劳顿之后，他来到了柏林，而那架"飓风"战斗机暂时还留在法国，德国人正在"检查"。幸而奥古斯丁料到了这一点，事先已经动过了手脚，研究人员能够得到一些数据，但却只会被误导。而一旦德国人发现问题或者有所怀疑，回答已很简单，"我正在改装测试飞机，飞机身上做改动很正常。"

德国人很难相信，奥古斯丁，一个叛逃者的飞机已经交了出去，而自身则处于半羁押状态。按照事先计划好的剧本，他应该是以贪财作为性格特征而指导行动的。作为佐证的事实也已经事先伪造完全。而自己来德国的事情，罗伯特没有理由不对卡勒斯堡说起，以卡勒斯堡的地位，可以很巧妙地证明自己的真实性。当然，卡勒斯堡是不会承认两人之间的关系的。为了保证他的清白，这是决然没有可能的事情。首先是自己不能同意，而且卡勒斯堡的对手都在等着他犯错，他现在的位置和身份，自然不能允许有这样一个"叛逃"过来的儿子。

因此，除了寄希望于卡勒斯堡能为自己提供的的安排，奥古斯丁还需要作出表示，以示他与盟军的决裂，而证据要握在德国人的手中，相当于被德国人握住了把柄，被认为可以控制，从而得到信任。换句话说，要递"投名状"。

奥古斯丁本以为飞机就可以作为他的"投名状"，但是德国人对此显然并不满足。在卡勒斯堡巧妙地安排人员讲述了奥古斯丁在战争期间为德国人通风报信的所作所为后，奥古斯丁得到了自由。但是在这个过程当中，卡勒斯堡身边最亲密的心腹乔布斯并没有出面，显然，卡勒斯堡对于乔布斯和他、罗伯特之间的关系心知肚明。

作为飞行员，德国人希望奥古斯丁能为他们效力。但是，奥古斯丁更希望能以自由人的状态呆在这里。这让他可以做自己喜欢的事。如果什么时候，需要利用德国人的力量时，再纳"投名状"也不迟。不过，事先要做好铺垫工作，即获得一个合适的信息交流渠道，从而得到菲尔斯或者丹尼斯的帮助。当然，如果时间、地点合适，罗伯特是最好的选择。如果有合适的联系方法，用罗伯特作为中间人无疑是十分安全的。

且不提奥古斯丁心中的确如此打算，他的父亲，卡勒斯堡上校现在正处在焦头烂额之中。一方面在情报部门的工作虽然已经顺畅，但成绩十分有限；另一方面，竞争对手海德里希半年来的脚步不断迫近，不仅让他不舒服，上司卡纳里斯也是忧心忡忡，最近做事更加低调而且小心翼翼起来。这两个星期，他见了两次希姆莱，一种被更大的一条毒蛇盯上了的感觉将儿子终于来到德国的喜悦冲淡不少。

这两天，身边几乎所有实力派的人员都被他积极地调动起来，乔布斯、罗伯特等人都得到了他的接见，一项项指令安排像流水一样被他细密绵延地发布出去，就像春天播的种子，只待秋天的收获。在详细询问了乔布斯后，卡勒斯堡基本可以得出奥古斯丁对他的感情与态度。一切都在意料之中。思来想去，卡勒斯堡决定在办公室见奥古斯丁，时间安排在他手下人员见他之际，从而让监视的盖世太保误以为奥古斯丁是为他所用的。这样进可攻、退可守，还能为以后的会晤打下伏笔。

所以，这父子间的第一次会面就在这样一种下属见上司的场合中进行了，气氛古怪而压抑。当奥古斯丁进来的时候，正是上午 10 点钟，玻璃窗大而明亮，正好可以看见来时路过的戒备森严的院中广场。卡勒斯堡站在办公桌后的窗前，桌上十分凌乱，恰如此时卡勒斯堡的内心……奥古斯丁从办公室中出来，一份新的身份档案已经握在手中。

经过筹划，奥古斯丁寄出了自己的"投名状"——一份刺杀计划，目标是英国决策的最高层、战时内阁的领导者，他就在法国。奥古斯丁想，以此名义去法国正是时候。同时，奥古斯丁还想听听他那著名的演讲。10个月的战争岁月，他同英国人一样，习惯了从这个人的广播中汲取力量。这个目标人物，就是丘吉尔。

法国维希政府在前一段时间，没有因为非洲热闹的炮火而对昔日的盟友宣战，而只是用北非的空军轰炸直布罗陀作为报复的一种方式。后来，达喀尔之战结束了，英国舰队向南驶去不到两个星期，就攻下了杜阿拉和喀麦隆，戴高乐将军在那里建立了一个"自由法国"基地。这样虽然不能收回北非的法国属地，但一旦有效地控制了这一地区，英国的航空运输线就得到了保障。据阿伯维尔的消息，丘吉尔打算到那里去见戴高乐。

奥古斯丁到了法国之后，接待他的还是阿伯维尔在巴黎的负责人戈郎诺上尉。听了丘吉尔的演说之后，几个戈朗诺交给奥古斯丁用来帮忙的士兵安静地坐在收音机旁，他们面无表情，大家都知道计划失败了，因为丘吉尔根本没有来这里，而是在另一个隐秘的地方做的演讲。显然，这是一个假的消息。此时，这则假消息的始作俑者——奥古斯丁在夜色中坐上通往布达佩斯的火车。

时间流转，到了11月，美国纽约，《纽约人》杂志上的一条广告引起了当局的注意。这则广告的刊登时间是在珍珠港事件发生前的半个月，是为新的掷骰子游戏做宣传，这个游戏被命名为"死亡双星"。很多敏感的市民，将此事报告给联邦调查局。

这则广告透漏的信息十分隐晦，但其中的蛛丝马迹表名，很可能跟珍珠港事件有关。

大多数人认为，"死亡双星"很明显就是指的德日两国，双头鹰是希特勒第三帝国象征。FBI的特工经过仔细追查，发现该广告是一家经营贸易的公司出资刊登的，最后查出这是一家假公司。一名白人男子自己走进《纽约人》杂志社，用现金缴付广告费，什么个人信息也没留就走了。几周后，这个人离奇的"死亡"。

事实上，这个人并没有死，他就是奥古斯丁，他现在已经站在伦敦的土地上，从挪威取道加拿大，再从加拿大到美国，如今再回来，耗费了他太多的精力，但是也只能如此，因为此刻他有新的任务，要赶去见一个人——弗雷茨。

二战浪漫曲

早在半个月前的10日凌晨，英国南部的赫特福德郡正处在一片和谐安宁的时刻，一架德国军机从夜空中飞过，德国间谍弗雷茨携带着电台以跳伞的方式进到了英国本土。根据奥古斯丁提供的情报，他将要炸毁位于附近的哈维雷德飞机场。

在以后的几天中，弗雷茨向上级戈郎诺汇报说，奥古斯丁提供的信息属实，踩点过程顺利，请求将所需炸药尽快运过来。在两周后的一天，弗雷茨电告戈郎诺他会在当晚的6点行动。就在天黑前，他接到弗雷茨另一份任务结果报告："成功完成任务，飞机场已经被炸掉"。

这种进度实在太过惊人，戈郎诺对此并不完全相信，仅凭他一个人，怎么可能在这么短的时间内破坏掉防守如此严密的机场？出于谨慎，他赶紧派人进行核实。查明结果后，戈郎诺彻底放心了。因为二次潜入其中的德国军机提供的航拍信息显示，爆炸效果比预想的要大得多，机场毁伤程度十分严重。

于是，戈郎诺上报德国颁发给弗雷茨一枚勋章作为奖励，而德国人对奥古斯丁的追查也马上偃旗息鼓了，大家显然接受了他失踪的理由：

执行特别任务。这个理由是奥古斯丁和他的新上司——同时也是卡勒斯堡的忠实部下阿伯维尔都强调过的，到了现在，盖世太保终于接受了这种说法。不过此时，弗雷茨却去不了巴黎接受德国情报机构给他的荣誉，他说因为英国情报机构盯上了他日常通讯的电台。"情人节"过后，他在发出的电文上表示："情况太危险了，我需要关掉电台。"

戈郎诺所不知道的是，奥古斯丁利用那条在美国发布的广告通知英国方面将有德国间谍来英国的消息。弗雷茨当晚刚一落地，还没等到卷收好降落伞，就被事先埋伏好的英国特工抓住。他只有两种选择，要么被当场绞死，要么成为一个双重间谍，受英国双十委员会的领导。双十委员会向来就是为了安置双重间谍而设立的。弗雷茨先前给戈郎诺提供的情报就是由双十委员会一手打造的。

弗雷茨以前的身份是英格兰一个技术高超的窃贼，后来加入了恶名昭彰的"同舟共济会"，但在 1939 年被该会抛弃了。1940 年初，苏格兰场派出各路侦探，着手查证他的各种犯罪情况，他听到这个消息之后，便前往法国周围的一个海岛上藏身。他在那又犯了罪，难逃牢狱之灾。直到后来，该岛落入德国人手中，他才得以脱身。据弗雷茨自己交代，为了感谢德国人，他自愿成为一个为德国服务的间谍，他的请求被德国的阿伯维尔批准了，并招入麾下进行训练。刚在间谍学校呆了不久，弗雷茨就接到了这次炸毁哈维雷德飞机厂的任务，然而没想到一落地就遇到了这样的结果。

在弗雷茨被抓后，英方可以肯定，德国会派人去飞机厂查看弗雷茨说的是否属实，于是，他们在飞机厂不远处制造了一场真实的爆炸。同时，马凯少校带人伪造爆炸现场，引诱德机进行航拍。

弗雷茨发誓他一直忠于英国，他执行这次炸毁机场的任务是为了能回英国。顺便，他还可以报告德国在法国的军事行动。于是，英方安排了弗雷茨"逃离"英国的行动。这个行动是英国和作为英德联系人的罗伯特共同完成的。在罗伯特的安排下，他扮演成服务人员，乘坐一艘从里斯本出航的游轮。

10天后，弗雷茨来到了阿伯维尔在巴黎的总部，人们都很欢迎他。当晚，德军为他举行了接风晚会，在晚会上他讲述了自己如何将飞机场炸掉的英勇事迹。之后，德国付给他应得的赏金。自此，奥古斯丁在德国内部已经无人再会怀疑，而他也终于可以着手展开自己的追查行动了.

清晨，奥古斯丁正沿着伏尔塔瓦河慢慢地走着，整个城市一片安谧，来自各地的旅者还没将整座城市唤醒，但是奥古斯丁却可以感受到布拉格已经醒了，一种自然的野生的力量在苏醒。鲜花儿在草丛里抬起头，花瓣上闪耀着晶莹的露珠，枝叶在和风中尽情地舒展。他站在路边的一处墙角，用余光盯着不远处正在出租车旁和司机手舞足蹈地解释着什么的乔布斯，肯定不是打架，多半是他的钱包被偷了，这被一直跟着他的奥古斯丁看得清清楚楚。现在，他想要脱身，应该通过什么办法呢？此时路边的摊贩还没登场、游客还没上街、街头艺人也还没上阵，只有晨起出门溜狗的当地人。

乔布斯并没有在波兰停留，跟随着他，奥古斯丁一路来到了布拉格。波兰投降之后，德国和苏联便开始了瓜分行动。1939 年 9 月下旬，苏联也将军队开进波兰境内。苏联进入波兰后不久，莫洛托夫就曾暗示德国，苏联想和德国一起瓜分波兰。苏联政府和斯大林想以沿着一条界限将波兰分割。德国和苏联商讨的结果就是确定新的瓜分线，其最南面一段和 8 月 23 日苏、德所划定的瓜分线是一样的。这样一来，苏联政府可以得到丰富的资源和生产资料。不过他们没想到的是，没过多久，自己也变

二战浪漫曲

成了德国人炮口所指的目标。

这里是奥古斯丁的故乡，如今，在故乡的同伴们没有了消息，伊万娜也久未联系。似乎战争将奥古斯丁身边的一切朋友带走了。此时，从华沙来到布拉格的奥古斯丁，忽然想起了自己青梅竹马的伊万娜。他记得，在以往的某次同乡聚会时，人们所提到的伊万娜的男朋友是一个高个子的匈牙利人。那一天，自己第一次来到父亲卡勒斯堡的办公室时，曾经见过一个带着匈牙利军队徽章的人，但当时没有留意。不过他的样子自己记住了七八分，眼下，正好有一个和印象中那个"匈牙利"有几分相似的家伙，正在朝乔布斯走去。

这个人似乎有些惭愧，他来晚了些，不过乔布斯并没有将这些放在心上，能在不引起任何人注意的情况下平息乘坐"霸王车"事件，他感到很高兴。奥古斯丁不知道的是，乔布斯早就发现了有人在跟踪自己，毕竟连续6个月的跟踪，让身为杀手的他不被发现显然是不可能的，以至于到了最后，两个人好像在逛街，互相都不避讳了。刚开始他有些犹豫不定，不知所措，因为这个人是奥古斯丁，这让他十分为难，按照他一贯的行事方式，清除掉是最好的选择，但上司卡勒斯堡不会饶了他的，而不甩掉这个影子，又不舒服——难道和他有仇吗？谁知道自己做过的事呢？

渐渐地，乔布斯自己认为不变的忠心开始动摇了：如果奥古斯丁知道了我杀了他的恋人，一定会和我过不去，作为老子，只会帮儿子，而不会帮我，我只是个被人利用的棋子，要怎么办？投向海德里希，他凭什么相信我，我曾经杀过他的两个得力助手。罢了，与其同时有两个敌人，不如目前这种局面。还是按照上校的命令，先解决掉这次任务指定的目标吧。

负责接应乔布斯的人在布拉格已经住了 3 年了，而在捷克从事买卖则有足 10 年时间。这次上校让他到柏林述职，这让他激动不已。当年，卡勒斯堡上校曾经部署过一项炸铁路的任务给他，结果失败了，但现在上校仍然愿意启用他，这不能不说是一种很大的信任。

实际上，这一次卡勒斯堡之所以会让他们在这里见面，是为了将上司希姆莱的亲信海德里希拉下马。海德里希此时可谓风头正劲，他除了自己的本职工作之外，还当着两个地区的"代理保护长官"。前任"保护长官"牛赖特被希特勒找了个借口赶走了，海德里希成功上位。这对一直以来与他不合的卡勒斯堡和上司希姆莱就造成了威胁。经过两个星期的碰面，让两个人有了一个共同谈话的基础，那就是对付野心与权力日益滋长的海德里希，可是，两人奸狡如狐的家伙，谁也不会托底。少了阻力的卡勒斯堡终于可放心大胆地完成自己的计划，而不会招致内部的报复。而布拉格这个地方，恰好天高皇帝远，无疑是除去海德里希的最佳地点。乔布斯这次的主要目标，就是海德里希的专用司机——汉斯。

1942 年 5 月 29 日的早晨，海德里希乘坐一辆汽车从一个建在乡村的别墅驶往一个古堡，有 3 个人顺路约 20 米间距排开，向汽车扫射，接着一颗英制炸弹向汽车投来，把它几乎完全炸毁，他的脊椎骨炸断了。6 月 4 日，海德里希伤势过重最终死去。

汽车在路上本来是可以逃脱的，但是新司机是个生手，这是他第一次给海德里希开车。上车前，海德里希问随从，以前一直给他开车的汉斯哪里去了？得到的回答是"不知道"。车技高超，熟悉海德里希的司机不见了，这非常可疑，但是海德里希居然没有早发现这个问题。在医院里，弥留之中海德里希说，如果是汉斯开车，一定会很好地处置现场情况，而这个新司机似乎被吓傻了，毫无反应，他恐怕有问题。可惜的是这个司机当场就射死了，有再大的嫌疑也没有办法核实了。

德国人没有得到的东西，奥古斯丁却得到了。

在乔布斯和"匈牙利"分头行动之后，奥古斯丁找了个机会抓住了他，并从他的口中逼问出了乔布斯的任务。而问到伊万娜的时候，"匈牙利"承认自己曾经和她相恋过，但是并没有能够成婚。德国人的到来，让身为犹太裔的伊万娜一家成为了集中营里的囚犯，自那之后，他就再也没有听到过伊万娜的消息了。

奥古斯丁有些着急，乔布斯去杀的人是海德里希的汽车司机，这里面有什么阴谋一想就知道。如果海德里希有什么三长两短，遭殃的一定是捷克人。从朋友们以前的联系中，他就已经知道了很多事情，但奥古斯丁不知道，他已经没有能力阻止这一切了。在他审问"匈牙利"的时候，海德里希的司机汉斯早就已经被乔布斯杀死。为了能够顺利完成任务，乔布斯请"匈牙利"引开奥古斯丁，免得他阻止自己的行动。等到奥古斯丁醒悟过来，海德里希已经一命呜呼了。

德国人果然因为海德里希的死进行了疯狂的报复行动，一场残忍的屠杀开始了。根据秘密警察的报告，隐藏在一个教堂的一百多名捷克抵抗暴行人员和周围的许多无辜平民被全部杀害。

得知噩耗，愤怒的奥古斯丁对这一切无能为力，他只有把一切都算到卡勒斯堡和乔布斯的头上，而此时，狡猾的乔布斯已经回到了卡勒斯堡身边，他想当面问一下上校，自己该如何与奥古斯丁相处。他明白，对于上校来说，自己还是非常有用的卒子。果然，回到柏林后，奥古斯丁向卡勒斯堡要求与乔布斯单独会面的请求没有得到同意，奥古斯丁苦思几日后，终于冷静下来。他决定，不再经过这个讳莫如深的父亲，要用自己的手把乔布斯收拾掉。

经过一段时间的探听，他得知卡纳里斯和卡勒斯堡为工作事务要去访问克鲁格的司令部，将会飞往斯摩棱斯克。奥古斯丁为他的计划做了"完美"的安排：把一枚炸弹藏到军事情报局的飞机里，待他们从斯摩棱斯克回来时，想办法将卡纳里斯和卡勒斯堡分开，然后用引爆炸弹的方式威胁卡勒斯堡说出以前的事，解开自己心头的困惑。

奥古斯丁亲自制造炸弹，作为必修课，他在大学时不仅是学生，还是老师。他把炸药包弄成两瓶克瓦特酒的样子，这种酒是一种以方形容器出售的酒。精巧之处在于，包裹内部的设计，使得炸药轻而易举就能被触发；想让炸弹爆炸，可以按一个按钮，包装内的一个小瓶子就会碎掉，里面腐蚀酸就会将拴住撞针的金属线弄断。

与此同时，夺取飞机的一切工作已准备就绪。奥古斯丁一到克鲁格的司令部，就用自己的德国新身份将文件交给飞行员，让他替"卡勒斯堡"先行保管，一旦有了二人相处的时间，就能动手制服他，然后换上他的衣服，自己开飞机。在飞机上，利用无线电将卡纳里斯留在机场，让他和卡勒斯堡先行离开。到了空中，就是奥古斯丁的世界了。

这天中午，卡纳里斯和卡勒斯堡的飞机穿过克鲁格司令部简易机场上空的云层之后徐徐降落。而奥古斯丁已经在此等候多时了。当天晚上，计划进行得很顺利，飞行员昏倒在行李舱，戴上飞行帽的奥古斯丁静静地等候着最后时刻的来临。

飞机上送来了晚餐，和以往一样，是这里的厨师特别准备的。奥古斯丁尝了一口，撇撇嘴，真让人难以忍受的味道。菜盘里主要是杂七杂八的蔬菜组成的食物。还有一些酒精的饮料。最妙的是，还有两盒古巴特产的雪茄。奥古斯丁判断，这个司令部还应该有不少这样的奢侈品。

卡勒斯堡先回到了飞机上，随行的居然还有乔布斯。但是不见卡纳里斯的身影。奥古斯丁觉得有些过于巧合了，心想难道是自己的幸运日？一上飞机，卡勒斯堡就不停地训斥乔布斯，"我告诉你多少次，不要自作主张，你的身份是什么，一个卫兵。现在，那个老头肯定会对你有所怀疑。"奥古斯丁觉得自己没有猜错，那个老头应该就是卡纳里斯，没想到居然他和卡勒斯堡已经有了摩擦。

飞机缓缓地起飞，30分钟后，飞机到达明斯克附近的时候，奥古斯丁将控制舵固定，从前舱走了出来。卡勒斯堡和乔布斯果然都目瞪口呆，带着大眼镜的奥古斯丁向两个人摆了摆右手中的枪："刚才无线电通知我，我们的飞机要飞往英国，否则飞机上的炸弹就会响。而控制器就在我的手上！"奥古斯丁将左手上的控制器挥舞了一下。

"有话好好说！"卡勒斯堡不愧是盖世太保，他不慌不忙的将桌上的酒打开，倒进前面的杯子里。此时乔布斯已经按捺不住猛然行动了，上校在给他创造令对方分神的机会。在机会的把握上，杀手仿佛拥有先天的直觉。

乔布斯的手上有一个刀片，挥向的是奥古斯丁的左手腕，一旦命中，乔布斯有十足的把握让对手的手筋断掉。他这一手不可谓不狠，一出手就要让对方受到致命性的打击。虽然还不能真的将对方置于死地，却也足够让对方失去行动和反抗能力。他出手虽然如此阴毒，但从他自己的角度考虑也是情有可原。

奥古斯丁表面上是在看卡勒斯堡，但他始终用余光观察乔布斯。这个人做过什么已经不用说了，只有让他马上死掉，才能打击卡勒斯堡的信心，同时也必须迅速让他死掉，否则卡勒斯堡就有拔枪的时机。唯一能迅速制敌的方法只有一个：用手枪把敲碎对方的手骨。对方出手狠辣，他也不是省油的灯，立刻做出了针锋相对的反应，他也要在尽可能短的时间内让对方无还手之力。

在速度上，乔布斯还没有碰到过对手，但是今天，他眼前一晃，就感到揪心的疼痛从右手骨上传来。接着右胳膊被反扭的到背部，接着是到左臂附近，接着是嘎巴几声，肩肘全部脱臼。

奥古斯丁此时的控制器上滴着血，这是他左臂上流出的血。刚才他用左腕做饵，控制方位，右手枪把挥向左臂，而哪里疼了，打向哪里就对了。

乔布斯的一刀，也让他放开了控制器。乔布斯疯狂地向舱门挣扎，这里离卡勒斯堡远一些，方便上校的动手。奥古斯丁也不说话，继续他的毁坏工作，很快，左臂、左腿……

卡勒斯堡没动，他已经知道这个人是谁，而眼前的乔布斯的利用价值也已不大，此时这个人反而是横亘在父子关系间的最大障碍。

乔布斯挥舞着断臂，向前爬，此时奥古斯丁将他的另一条胳膊也打折了。乔布斯忽然眼前一亮，将最后的一丝力量摁到被奥古斯丁丢在一边的控制器上，然后他紧紧地闭上眼睛，躺在了地上……

奇怪的是，什么都没有发生。奥古斯丁也是有些纳闷，他没有多想，打开舱门一脚将乔布斯踹了出去。茫茫云海，乔布斯的人影伴随着野兽般的嚎叫马上消失了。

机舱内，卡勒斯堡倒上一杯酒，缓缓说道："你要杀我，杀你的老子，为什么？"奥古斯丁已经将装着炸弹的包裹拿了回来。此时，他正把包裹拆开，这才发现出了什么毛病。由于腐蚀酸被冻住了，所以没有发挥作用。

刚才飞机碰上了云层和湍流，为了不让后面的人和自己有过早的交流，奥古斯丁驾着飞机飞到较高的高度。装着行李的机舱气温急速下降，腐蚀酸凝固了。听到卡勒斯堡这样说，奥古斯丁摘下了掩盖着脸孔的大眼镜。

"你怎么知道是我?"

"你的身手。否则你以为你跟踪乔布斯我能不担心吗?"

"哦? 是这样吗? 不是你想借我的手，除掉这个人的吗?"奥古斯丁冷笑。

"我所做的一切，都是为了你。"卡勒斯堡辩解道，"或许，你怨我使用了计谋，可是我们所处的时代和国家由不得我们。"

没有得到回应，卡勒斯堡继续说道："从人追捕人的时代以来，一切计谋和策略，不过都是用过的几种简单诡计的变种和发展。这些计策可以分为4类，伪情报或伪装、以退为进、鼓励叛卖和削弱敌人的士气。每一位坐到我这个位置的决策者应当经常考虑如何使他人按照自己的意图走向某个方向。"

"很多人都会做一些欺骗的事，你，是我的儿子，不过之前一直没有告诉你而已。"

"那斯拉维克是怎么回事? 他的儿子真的是英雄?"奥古斯丁问。

"要让你上军校，需要借助这个人的力量，这是我计划好了的，而且他不是你外祖父，而是一个用金钱就可以收买的人，虽然在他儿子的问题上困难了一点，但是为了你，值得。"

"让我上军校? 我就不能自己考吗?"奥古斯丁语调高了起来。

"你能? 哼!"卡勒斯堡的脸一沉，"艾茵卡去哪里，你就会去哪里，不是吗?"

奥古斯丁的脸上仿佛滴出血来："我早感觉到，是你! 是你拆散了我和艾茵卡，没想到，就是因为这么一个简单的理由。都怪我，是我毁了艾茵卡的一生！"

猛扯自己头发的奥古斯丁突然大声喊道："不，是你！你，你就这么玩弄、操控人的一生吗？妈妈也是！艾茵卡也是！我也是！"

"不要用你外祖父的话教训我！"卡勒斯堡的脸狰狞着，"要不是他，我早就和你母亲过着幸福的生活了！"他吼叫着，抢起桌子上的酒瓶四处狠砸，鲜血从手心滚滚而下。

"借口，你知道什么是爱吗？你只知道占有！知道吗？你能在母亲身边，就是她最好的生活。而你只知道自己，任务让你放弃，阻碍让你放弃！知道吗？死亡都没有让母亲放弃！放弃停止对你的思念！外祖父一直都后悔，当初撒的那个谎——说你死了，如果让母亲临终时见到你，也许就会怀着不能原谅自己父亲的心情离开这个世界，让她安静地走，是外祖父唯一能做到的！你总是责怪这个，责怪那个，为什么不先问问你自己！"

看着张口结舌的卡勒斯堡无力地瘫坐在椅子上，酒瓶叮叮咣咣在桌面摇摆，映着机翼上的火光，奥古斯丁将一将鬓角，紧了紧风衣扣，拉了拉衣襟，灰色的捷克空军校服在夕阳的余晖中透着暖意，他低声说："这是您的儿子最后的抱负。"他起身按住仿佛麻木的卡勒斯堡，为他戴上降落伞包。卡勒斯堡被他推到舱门口，他忽然意识到什么，待要张口，绳扣已被拉开，随即一脚被踢出舱外。不久，一朵白花盛开在空中。

机舱内，奥古斯丁缓缓接上炸弹引线，拿起和着血水的半截酒瓶，倒进高脚杯里，轻轻地品味着，不久，一团火光在空中炸开，断掉的飞机呼啸着向附近的海中滑翔而去……

二战浪漫曲

格里芬

在人类漫长的历史进程中，第二次世界大战给人们留下了无法抚平的创伤，这次大战可谓是一场人类的浩劫，世界的灾难。中国一句话古话说得好，乱世出枭雄。在第二次世界大战期间，风云迭起，有的人成为了英雄，有的人被称为枭雄，而有的人则成为了人类的罪人。在这些人中，很多人被历史记住，也有很多人被历史的旋涡吞噬。

格里芬

"快看！这是什么？"在一处军事据点外，几名英军巡逻兵在每天固定的巡逻道路上行走着，突然，他们当中有人在雪地上发现了一个怪异的凸起物，这个东西的形状有些奇怪，像是一个盒子，但是又有着圆形的外表，安静地陷在几英寸深的雪地里，但是没有人知道它究竟会不会发生什么惊人的变化。队伍里的所有人都在这个奇怪的不明物体身边停住了脚步，前线战事的激烈和随之而变得十分紧张的局势，让每个人的神经都变得异常警觉。士兵们围拢过来，但是没有太过靠近这件物体，小声地议论纷纷。这个物体究竟是一样什么东西，是炸药？是秘密信件？还是毫无意义的某件东西？

这些普通的士兵们不会知道，这件突然降落在他们防区当中，此刻安静地被一层浮雪所掩盖的物体，其实与一个特殊的人物有着重大的关系，提起他的名字在这里几乎无人知晓，但是在情报界，这个人的代号却是如雷贯耳的，那就是"格里芬"！

在人类漫长的历史进程中，第二次世界大战以远远超越前一次的参战国家、破坏范围、惨烈程度以及消耗的剧烈给人们留下了极其深刻的印记，战争对许多被卷入其中的家庭和民族的创伤甚至至今都无法彻底消弭，因此，这次大战可谓是一场毫无疑问的人类浩劫与世界灾难。中国一句话古话说得好，乱世出枭雄。在第二次世界大战期间，风云迭起，

二战中的王牌间谍

有的人成为了英雄，有的人被称为枭雄，而有的人则成为了人类的罪人。在这些人中，很多人被历史记住，也有很多人被历史的旋涡吞噬。岁月是无情的，随着岁月的流逝，时间像是车轮，一分一秒地不停转动着，有多少纷繁的往事在岁月和时间的消磨下消失在人们的记忆中。尽管肉体上的伤痛无法完全在它们的作用被平复，但是许多生活中和世界上曾经鲜活的大大小小各自不同的角色都在它们流逝的过程当中变得销声匿迹甚至无影无踪。"事过境迁，物是人非"成为了人们口中对时间变换永恒不变的感叹。也许记忆也会蒙上灰尘，那些在第二次世界大战期间，曾经为全人类的和平事业做出过卓越奋斗的人已经不再被更多的人熟知，但是当我们擦掉记忆上的灰尘，重拾与之相关的点滴细节，那段曾经被血染的历史仍会令我们激动不已。

与很多广为人知的传奇间谍相比，保罗·罗斯鲍德这个名字可能在今天的绝大多数人们听到的时候都会感到十分陌生。但是说到他的代号"格里芬"，关注二战历史的人却应该是无一例外的曾经听到过这位谍海鹰狮的事迹。保罗·罗斯鲍德出生于 1896 年一个平凡的夏天，从小在奥地利长大的他受过非常良好而健全的教育，第二次世界大战爆发时，他利用自己身为德国一家知名科学杂志编辑的身份作为掩护，向英国传送了大量有价值的情报。

在保罗·罗斯鲍德所主持的这条秘密情报战线上，盟军通过他的关系曾成功地获得了许多和纳粹德国发展、制造原子弹以及其他相关重要武器有关的机密情报，也正是由于这些机密情报被及时地送出，才使盟军能够及时作出相应地战略部署，并在关键时刻果断出击，得以破坏纳粹德国的阴谋，让他们无力使用计划当中的毁灭性手段对抗盟军。而像纳粹德国研究一些新型战斗机、雷达、U 型潜艇、V1 和 V2 火箭等关键的武器设备的秘密情报更是绝大多数都经由他的手转而送达了盟军的阵营当中来，为盟军在军事战场和情报战场上占得先机作出了重要的贡献。

一份份情报被用他的双手送出了德国，传向"敌人"的身边，但是保罗·罗斯鲍德在他的间谍生涯当中却完全没有遭到过任何怀疑，除了是一位忠于职守的间谍之外，他还是一个极其优秀的演员，在平时的生活当中，他总是把自己扮演成一位非常狂热的纳粹分子，经常主动向身边的人们宣传和提起一些极端言论。也许正是因为这样的表现，他不仅多次躲过了德国秘密警察的调查，甚至还被这些人认为是极其忠诚的一位"良民"。在德国所有潜伏的盟军间谍和情报人员当中，对德国的种种军事计划造成过重大破坏的他可以说是希特勒和整个纳粹党卫军与盖世太保构成的情报管制系统最痛恨和恐惧的对手，同时，却也是这些纳粹狂徒们感到最为一无所知和束手无策的对手，生活在敌人身边的他总是能够在这些人实施新的反间谍措施的第一时间利用身份和身在德国本土的便利找到解决的方法，在这种便利的掩护和支持下，在其他盟军间谍眼中视同狼穴一样的德国对他来说反而成为了最安全的地方。在二战结束之前，保罗·罗斯鲍德从德国成功地逃了出来，他在英国度过了自己的晚年生活，于 1963 年因白血病病逝。

谈起代号"格里芬"的保罗·罗斯鲍德，就不得不提道一段特殊的历史。在古代的西亚地区，很久以前曾经有这样一个国家，深处西亚这片遍布荒漠戈壁的地方，当地人多用行商求生。国家还算是富庶，但是文化发展方面却显得并不是非常发达。因为在当时，拥有先进制纸技术的亚历山大城对制纸材料和方法进行了严格的垄断式封锁，并将纸张限定输出数量并以高价出售，加上当时正值文化鼎盛时期的希腊两座实力雄厚声名远播的图书馆在采购上的竞争，导致了这个国家经常没有纸可用。

在这种情况下，公元前 2 世纪，这个国家的人开始尝试着使用当地所生产的羊皮经过加工之后来代替纸张，在上面用染料或木炭进行书写，这就是著名的"羊皮纸"。因为当时平民百姓阶级对于文字文化的需求并不是非常高，所以这种纸张在制作工艺进行多次改进满足了市场在价格和产量上的需求之后，渐渐取代了昂贵的进口纸张。随着贸易的流通，羊皮纸的优越性逐渐被人们所认可，罗马人也渐渐地开始使用羊皮纸写字了。与纸莎草相比较，在羊皮纸上写字，字迹要清晰很多，而且还韧性十足容易折叠，人们将它制订成册，这就是所谓的"羊皮书"。

历史的脚步不断向前迈进，尽管能够比普通的原始纸张有着更长的寿命，然而到了二十世纪，很多记载着古老事件的羊皮书因为年代过于久远的缘故已经化成了灰尘。但是，在南斯拉夫北边的某处，还存有这样一卷尚算完好的羊皮书。这卷羊皮书显然已经有上百年的历史了，知道或者见过这卷羊皮书的人都称其为《佐尔希纳古卷》。

由于保存得当，在这本古卷装帧精美的封面上，还清晰可见一个图案：一只双手执有铁叉的鹰首飞狮傲然地站立在一座被一分为三的红色山丘上，整幅图案的背景是银灰色的。为了彰显这头鹰首飞狮的尊贵，在他的旁边，还有另一头鹰首飞狮守护着，锋利的爪子握着铁叉指着前方。拥有这本书的人的祖先是从格拉茨移居到这里来的，这个鹰首飞狮样的图案就是族徽，是佐尔希纳家族的族徽。

保罗·罗斯鲍德是一名情报工作人员，他的代号就是来自于这只名为"格里芬"的神兽图腾，他的母亲体内就流有佐尔希纳家族的血液，名为安娜·罗斯鲍德，她是一位聪慧而又美丽善良的女子。从血脉上讲，安娜·罗斯鲍德的母亲是一位来自佐尔希纳家族嫡系的后代，毫无疑问，这是一支有历史的贵族家系。"贵族"这个称呼，是相对于"平民"而言。

二战浪漫曲

对于一个贵族的成员，除了在财产归属的问题上有要求之外，还有受封的仪式，这种册封，只有一个国家的王室才能够对指定的对象实施。从这一点上，佐尔希纳家族的祖上所立下的显赫功勋由此可见一斑。

一般来讲，欧洲世界的贵族和亚洲国家社会系统当中的贵族阶层的一些特性存在着很明显的相似性。这些相似性当中最主要的一点就是他们会着意地表现出自身和普通人家成员之间的区别，诸如在服饰方面，贵族的服装在样式和结构上往往会显得比普通百姓高出一等。贵族的服装比较华美，而普通人所穿的衣服，则是朴素、灰暗的，以方便干活。而从饮食方面来讲，贵族与普通人的差距就更加显而易见了。饮食不但是一种文化，也是经济实力的体现，比如一些山野味等珍奇食材以及用来调味的香料等。当时，只有贵族才能拿得出大笔的金钱去购买这些在平民看来是华而不实的东西，追求的不仅是口福，也是一种对地位的刻意和标示。

中世纪时，一些贵族的生活是依靠自己的领地，他们在领地上建造住所，但是他们不会在此长久地居住。除了这种有领地的贵族外，还有一些依附权势的贵族，他们一般建造的是城堡，起初是皇家特权，通常是将城堡建于山中易防守的地方。建筑城堡一般是以防卫性的功能为主，因而在舒适的程度上要相对差一些。城堡的作用除了供家族的人居住外，还可用来进行贵族间的应酬交际等活动，同时，还可以在发生战争时为住在四周的人提供临时避难场所。

当然，历史上风水轮流转，人们的地位高低也在不断轮转变换，在一批人成为贵族的同时，另一些原贵族却没落了下来，他们丧失土地，曾经拥有的东西只有极少一部分保存了下来，独一无二的族徽也成为了一种近乎嘲讽般的祖宗遗产，在与身份不相匹配的生活境况之下尴尬地伴随着越来越人丁凋零乃至四散漂流的家族成员们。

　　佐尔希纳家族，如今就是一个没落的贵族。这个家族本来拥有过广阔的土地，但是，到了安娜的母亲这一代，土地的面积就已经小了很多。为了维护家族荣誉，家族中的长辈决意将她嫁给罗斯鲍德家族中一个没有家族继承权的男孩子，对于这位出身嫡系的长女来说，这显然是一次屈尊下嫁。

　　罗斯鲍德家族的祖先是一位来自波西米亚的猎手，他在给自己取名字的时候，选择最先映入眼帘的事物，罗斯鲍德这个名字便由此而来。到了 15 世纪时，由于家族衰败，一些佐尔希纳家族的人和罗斯鲍德家族的人纷纷为法格尔商业银行家们工作，工作的主要内容就是在一个山脉中为银行家们挖掘银矿。正因如此，两个家族的成员才有了相互结识的机会，于是，安娜的母亲和父亲便顺理成章地结婚了。

　　家庭教育，在孩子慢慢长大的过程中占有很重要的地位。尽管家族没落了，但是，由于安娜母亲和父亲从小接受的是贵族式的教育，所以，对于安娜他们也延用了自己小时候的方式。

　　母亲在安娜还很小的时候，就把自己曾接受过的教育模式和知识传授给了她，正因如此，在安娜的身上，始终能看到那种出身于良好家庭环境所特有的内涵。在母亲的教育引导下，安娜一天一天地长大，变成了一位性情温婉，带着高雅情趣的女子，可是与她的性格形成鲜明对比的，她的一头与贵族风范毫无匹配的短发，以及与她的行为举止显得不太协调的坚毅的下巴，这下巴也是她的面貌中最引人注意的地方。

　　可能在安娜的温婉性格的表象下还带有一丝不为他人注意的坚毅，而恰恰是这种坚毅，让她走上了一条在那个年代与别人不一样的道路。当然，这种选择也给保罗·罗斯鲍德带来了童年时期的困惑。

二战
浪漫曲

在一次邂逅中，安娜结识了保罗·罗斯鲍德的父亲，尽管家教严格，但是安娜还是难以自抑地坠入了情网，她意外怀孕了。这个消息给她的家族带来了难堪，尽管已经是没落的贵族，但这一行为仍被视为是种耻辱，它使家人蒙羞，在当地抬不起头。安娜的坚毅性格在此时就显得太过固执了，她没有听取父亲和母亲的建议，而是坚持把孩子生下来。在她看来，这是她的第一个孩子，更是爱情的结晶。

眼见安娜如此固执己见，母亲失望至极。在她眼里，这是贵族式传统思想所不能容忍的，与家族荣誉感背道而驰。她认为，安娜的行为已经将家族的脸面丢尽了，事已至此，无法挽回，她只好将安娜逐出家门，而产下的男婴则被送予他人。也许安娜的执拗给母亲带来了极度的气愤和心理伤害，在将女儿逐出家门后，母亲忍受着内心的孤寂与伤痛，几年后，便去世了。随后，父亲搬到了安娜的住所，和她一起生活。父亲没有给女儿提供任何经济上的帮助，只是将她母亲家族的族徽带来。随着年龄的增长，父亲的健康状况每况愈下，一方面受到病痛长时间地折磨，另一方面一直沉浸在失妻之痛中，不久，也病故了。自从安娜被逐出家门，父亲和母亲就背负着家族的沉重负担，如今，他们终于解脱了。却把卸下的负担无声地移给了安娜。此时，她与"丈夫"已经有数年没有见过面了。

佐尔希纳家族的所在地是奥地利的格拉茨，被母亲驱逐出家门的安娜很喜爱这座城市，因此，就在它的边缘地区找了一个住处。随着时间的推移，一些新思潮席卷了安娜居住的地方，就在这期间，她再一次见到了她的"丈夫"。这次见面，两个人的感情并没有因为时间和空间的距离而变得疏远。在此之后，安娜再一次怀孕了，这是他们爱情的又一个见证和结晶，安娜没有将孩子送人，而是带在自己身边，并为其起名为

"汉斯·罗斯鲍德"。

世界格局变幻莫测，虽然奥地利与普鲁士都是德意志联邦的组成部分，但普鲁士与奥地利之间有很大的差别。这种差别在于普鲁士进行发展经济和建立新式军队的同时，奥地利还在封建社会的社会体制中徘徊。

实际上，在1848~1849年这段时间，德意志的各个联邦就掀起了革命高潮，奥地利的资产阶级也试图建立强大的资本主义国家，由此，"维也纳三月革命"爆发了，它在一定程度上取得了成功，资产阶级对于奥地利国王作出的让步表示满意。但作为奥地利底层的人民群众却对这样的结果非常失望，他们艰难的现状并没有得到丝毫改变，当初奥皇对劳苦大众许下的承诺均未兑现。他们意识到，要想改变生存环境，只有靠自己去争取，惟有获得成功，才能享受到真正的民主权利。

此后，奥地利的国民在不断地努力，为了捍卫自身的民主权利而战斗。同时，世界很多地方也几乎完全处于同一种浪潮中。全欧洲面临着相同的形势，六月起义没有成功，奥地利的高层资产阶级忘记了革命的初衷。这一部分人与奥地利的皇室站在了一起，其结果就是造成了奥地利国内的革命形势急转直下。

面对这种不利于自己统治的形势，奥地利国王采取了残酷的镇压政策，首先是降低工人工资，然后是对工人的示威游行进行血腥镇压，再拉拢和操控自卫军。为了恢复奥地利的封建统治，奥皇竭尽一切力量打击革命势力。

在对本国国民进行血腥镇压的同时，奥皇也对匈牙利境内出现的革命运动进行打击，但是面对奥皇的屠刀，匈牙利起义人民奋勇抵抗。在这段期间内，奥皇宣布解散匈牙利议会。匈牙利人民保卫国家的民族情感被这一敕令的下达激发了起来，他们与奥皇派出的军队进行殊死斗争。

二战浪漫曲

同时，维也纳人民清楚地知道，匈牙利的革命与奥地利发生的革命是唇齿相依的。他们从最初就意识到了这样一点：如果匈牙利人的革命失败了，那么匈牙利的人就会受到奴役，而且奥地利人民的自由也会被取缔，所以，他们竭尽所能地反对奥皇派出军队出征匈牙利。

奥皇斐迪南一世对于人民起义显得心有余而力不足，奥地利人民的战斗热情达到了高潮，奥皇对人民起义的镇压也没有了效果。在这种情况下，奥皇在数千名士兵的保护下带着身边的皇室贵族逃亡到奥尔茨谬。维也纳被起义的人们控制了，他们的起义取得了初步的胜利，这就是奥地利的"十月起义"。

面对这种高亢的群众革命力量，资产阶级害怕了，他们害怕革命如果继续深入下去的话，会威胁到他们的地位。于是，资产阶级开始对奥皇和人民之间的矛盾进行调解。他们请求斐迪南一世返回维也纳，趁着机会夺取最后的胜利。不久，奥皇出动了数万大军，从三面包围了维也纳，然后发动总攻。人民的力量太薄弱了，这场保卫战仅仅持续了数天，维也纳就被攻陷，人民群众最终以失败告终。

封建黑暗统治重新在奥地利开始了，在此后，也就是德意志的其他联邦都在发展的时候，奥地利依旧固守在旧的统治之中，停滞不前。

在别人前进的时候，自己留在原地就意味着后退。普奥之间战争的爆发也是德意志统一的一个极其重要的步骤。普鲁士要发展，德意志要统一，这是历史必然性。因此，奥地利与普鲁士的这一战，已是迫在眉睫。1866 年，普奥战争在中欧爆发，这场战争也被称为"七周战争"和"德意志战争"。普奥战争打响以后，普鲁士以强大的优势战胜了奥地利。但普鲁士并没有彻底消灭奥地利，而是保留了奥地利在德意志联邦中的一席之地。

战争很快就结束了，经过普奥战争之后，本来就在摇摇欲坠的奥地利封建社会体制面临着崩溃，奥地利的国力也在日渐减弱。

时间流转，距离那场突如其来的战争已经有 3 年左右的时间了。1896 年的年初，安娜居住的城市难得地出现了一次庆典活动，城市里到处洋溢着欢乐的气氛，彩带和气球在城市的空中飘动。借助这次庆典的机会，保罗·罗斯鲍德的父亲又回到了这座城市，并且再一次地见到了安娜。不知道是该高兴还是该伤心，安娜在这一次的会面后，发现自己又怀孕了。

秋天，带着自己的忧愁和无奈，渐渐地被冬天所替代。但是在冬天的怀抱中，还带有秋天遗留下来的痕迹。田间地头，树叶稀疏的树木在初冬的寒风中，微微摇晃着身躯。这是一年中最后一个季节了，从这个季节的现象中，有经验的人能预兆出明年是否是个好光景。

太阳好像是禁不住寒风的凛冽，早早地回家去了。月亮皎洁得好像镶嵌上了一层银霜。在月光的映射下，夜空像是藏青色的帷幕，上面还缀有点点的繁星，如果这时抬头看向浩瀚的夜空，会被他的宁静旷远所吸引。夜越来越深了，人们都进入了睡梦里，在这一片静谧祥和中，银白色的雪花在夜空中飞舞着，徐徐地飘落下来，轻盈的雪花和着夜色的曼妙，塑造成了一个童话般的世界。

整个城市都沉浸在静谧中，但是在城中一个不太引人注目的院落里，还有微弱的灯光在晃动着，这是安娜的住处。他们之所以还没有入睡，是因为安娜怀的这个孩子就要出生了。安娜的家里没有什么人，她也没有多余的钱去医院生产，只能在家里，不过她请了一位有丰富接生经验的婆婆。

此时的安娜正躺在床上，不停地喊着。她快生了，尽管这是第三个孩子了，但是剧烈的阵痛感还是有攻破神经之势。进入到香甜梦乡的人们不知道，在这个城市的一个角落里，这个即将出生的孩子在以后的日子里与佐尔希纳血脉相承，将佐尔希纳家族的族徽宣扬到了世界。

被安娜请来的婆婆在她的身边陪护着，并不时地用言语鼓励她。安娜躺在床上，眼光透过已经布满冰棱窗花的窗户，似乎能看见她心里想念的人，但是什么也没有。尽管安娜知道，那个人是不会出现的。安娜的眼神暗了下来，她已经没有了力气，婆婆看到安娜的样子，对她说："亲爱的，坚强一些，孩子就快出来了，不管怎么样，他是你的宝贝，是你和他父亲的宝贝。"

婆婆的话似乎给安娜带来了勇气，想到这个孩子的父亲，安娜似乎有了力气。也许是知道了母亲黯然的心情，这个孩子等不及了，他要出来见见自己的母亲，想用自己的手去安慰她。一阵剧烈的疼痛过后，安娜长吁了一口气，婴儿的哭声在屋中响起。

婆婆抱着新出生的婴儿，发现这个婴儿长得有些与众不同，高挺的鼻梁，端正的五官。如果说刚出生的婴儿还分不出美丑的话，那么这个婴儿则一眼就能让人看出来。他长大以后，一定会是个俊朗迷人的人。但是，婴儿看起来却十分羸弱，呼吸似乎也时有时无。

"亲爱的安娜，在你怀这个孩子的时候是不是没有吃一些有营养的食物？"婆婆看着孩子，心疼地问。

安娜的脸红了，"婆婆，你也知道我的生活境况，能有的吃就算不错了，哪有什么营养的食物可以吃呀！"听了安娜的话，婆婆感到遗憾地摇了摇头。

看着婆婆有些沉重的表情，安娜的心悬了起来，疑虑地问："婆婆，是不是这个孩子有什么问题？"

听见安娜的问话，婆婆将孩子送到安娜的怀里，"没有什么问题，是个漂亮的孩子，就是看起来太虚弱，如果以后营养再跟不上的话，这个孩子能不能养活会是一个问题！"

安娜看着怀中的孩子，沉思着，实在不行就将这个孩子送给一个家庭条件比较好的人家吧。这是一个男孩子，长得还很漂亮，相信有很多人家会愿意收养的，这样，孩子活下来的机会也会大一些。但是，想到自己所生的，已经送人的第一个孩子的时候，安娜的心里就有难言的痛，抱着孩子的手也微微地用劲。

怀里的孩子像是感觉到了安娜的心情，尽管眼睛还不能看清周围的环境，但他先是像小猫叫唤似的哭了一两声，然后用力将自己的小手伸了出来，试探地碰着安娜。看到这个画面，还没有离去的婆婆惊奇地说："真是一个聪明的孩子，竟然能感受到母亲的心情。"

婆婆看了一会儿，已经没有什么事情了，就和安娜说："我先走了，你自己要多注意身体！如果需要把孩子送人的话，就先告诉我一声，我看看能不能帮忙找一户家庭环境好一点的人家。"

"好的，婆婆，谢谢你的帮忙，如果有需要的话，我会先告诉你一声的。"婆婆走了，将安娜的房门带上。注视着空荡荡的门口一会，安娜回过神看着怀里的孩子，此时的他已经安然入睡。她思考了半天，在心里暗下决定，无论生活多么困苦，都要亲自带大他。这个决定对于安娜以后的日子来说，实在是太艰难了，汉斯在自己的身边，再加上这个孩子，一家有 3 口人吃饭，这就意味着她必须多做几份工作，才能养活两个孩子和一个大人。尽管已经决定了事情，但是从安娜那有些迷茫的眼神中，还是能看出她心里的挣扎。

几天后，这个出生不久、有些羸弱的孩子渐渐地硬实起来，他的名字叫做保罗·罗斯鲍德！

身体刚刚恢复一些后，安娜就出门找工作了，她会弹钢琴。因此，去询问一些家境殷实的人家是否需要钢琴教师。结果很让人高兴，安娜顺利地找到了一份钢琴教师的工作。但是，这笔钱远远不够他们一家人吃饭，迫于无奈，安娜开始贷款，她用借贷来的钱买一些可以让孩子下咽的食物。

漫长又寒冷的冬天让安娜觉得很煎熬。在她的屋子里，能听见外面猛烈的风，已经封得很严实的窗户竟然被吹得发出"砰砰砰"的响声。这样的天气，安娜一个晚上都没有休息好。尽管两个孩子在她的身边，但她还是不时地起身看看孩子的被子是否盖在身上。

一个晚上的时间就在寒风的嚎叫中度过了，安娜起床，将孩子白天要吃的食物准备好后，将大一点的孩子唤醒，"汉斯，我要出去工作了，你白天不要出门，外面太冷了，留在家里照看保罗吧！我把食物已经给你们准备好了！"

汉斯点头说："你放心吧！母亲！我会照看好保罗的！"安娜听到汉斯的回答后，整理一下衣服，就出门了。

已经吹了一整夜的寒风丝毫没有停止或者减小的意思，还是"呜呜"地吹着，差点要将安娜吹倒了。安娜挺直腰，将全身的力气用在肢体的下身，就这样煎熬地、艰难地走出了家门。走在城镇的街道上，路上的行人很少，但是，每一个人好像将自己各种能抵御寒冷的衣服都套在了身上。尽管这样，一些人还是不停地说着："真冷啊！"、"这风可真大！"、"这恼人的冬天什么时候能过去呢？"

安娜顺利地到达了上课的地点。上完课，拿着工钱又顶着寒风回到了家。此时，汉斯已经将食物喂给保罗吃完，保罗正睁着大大的眼睛，看着坐在自己身边的汉斯。安娜进屋的时候，兄弟二人正在彼此对视着。两个懂事的孩子让安娜的心里有了安慰，虽然年龄很小，但是都很懂事，汉斯知道照看保罗，保罗也很少哭闹。就这样，在3口人的互相依靠中，寒冷的冬天过去了。

与其他人家相比，安娜一家更希望春天能够早一些到来，因为那样她们就不用再去忍受冬天的寒冷了。在一天天的期盼中，春天，迈着欢快的步伐来到了世间。春天是明艳的，春天的风是温暖的。春天的太阳明亮地悬挂在天空中，广袤的天空是蔚蓝的。这是一个充满希望的季节，许多鲜艳的花朵都渐次开放了，没有谁肯谦让一下，争先恐后地使本来暗淡的世界变得五彩斑斓。黄色的、紫色的、白色的、红色的，都在将自己最美丽的身姿展现在人们的眼中。但是，当人们低下身去，就会看到，在残冬遗留下的，还有偶尔可见的枯黄。看到这种情景，人们的心中总会有难以抹去的遗憾。但在枯黄的冬衣里面，出现了一抹新绿。就是在这样一个万物苏醒的季节里，保罗在慢慢地成长着，他现在已经能爬了。

这时候，安娜经常能看到的场景就是：汉斯手中拿着一个保罗喜欢的物品，站在床的一边晃动着，并对保罗说："爬过来，爬过来，如果你爬过来，我就把这个东西送给你玩！"

保罗起初对于汉斯所说的话根本就不理解，但是，汉斯手中的东西，对于他可是个不小的诱惑，于是就毫无顾忌地奔汉斯爬过去。这样的场景，天天都会不停地重复。由于总是运动的原因，保罗的饭量也明显地增加了不少。随着时间的流逝，安娜需要还贷款的日子就只剩下几天了。这一天，安娜讲完钢琴课回来，站在窗户旁边，看着窗外的景色，不禁叹气，每一次上课的钱只够家人的吃穿，孩子还是处于生长阶段，手里的钱只够支付一家三口吃饭所用，如果用来还贷款的话，一家人吃什么？况且就是先还贷款，手里的钱也不够用。

看着床上的两个孩子，安娜想了一下，做出了一个让人意想不到的决定：搬家！躲债！尽管自己非常热爱这座城市，但是，趋于对现实的妥协，安娜只能选择这个不能够称其为"办法"的办法。

说搬就搬，安娜先将自己的衣物打包，收拾好之后放在一起，这样在方便搬的时候能尽快搬走。第二天，安娜还是照常去讲钢琴课。在领到钢琴课的工钱后，没有像往常一样回家，而是去了另一个地方找房子。很顺利地，安娜找到了一处房子，在之后的几天里，安娜只要出门就将收拾好的物品带到那所房子里，就这样，一点一点地在贷款日子到期之前安娜搬完了家。

好奇心很多人都有，特别是一个小孩子。当他到达一个陌生的环境中时，除了心理有害怕的感觉之外，最大的感触恐怕就是对新环境所产生的好奇心了。这个新家带给保罗的就是这样一种好奇，如果不是安娜和汉斯还是他熟悉的，并且在他身边守护着，他恐怕会大哭起来。有安娜和汉斯在身边，保罗没有对陌生环境产生恐惧感，他开始用自己的眼睛来熟悉新家。

这是一个让人感觉很空旷的房子，屋子里除了一张桌子、两张大床、一个衣柜和几个凳子外，就没有多余的东西了。房门冲着南面，和门并排的位置有一扇窗户，窗户上挂着带着绿色碎花的窗帘。安娜在整理带过来的衣服，为了换一下屋子里的空气，安娜将窗户打开了，一阵清风吹了进来，那挂着的窗帘随之摆动。

保罗和汉斯发现，安娜整理衣服的时候，突然停下来了，她出神地望着手里的物品。保罗还不会说话，只是"依依呀呀"地叫唤着，试图引起安娜的注意。汉斯看到保罗着急的样子，不禁笑了，走上前去，将保罗拎起来放在地板上，保罗开始向安娜的方向爬了过去。

汉斯跟在保罗的身后，保罗慢慢地爬着，终于爬到了安娜的脚边，他用小手碰着安娜的裤脚。汉斯见安娜没有反应，出口唤道："母亲！保罗在你脚边呢！"

听到汉斯的话，安娜好像缓过神来，低下头，发现保罗正在用小手拽着自己的裤脚，就笑着将保罗抱起来。

"保罗，你怎么了？也要看我手里的东西吗？"安娜语气轻柔地说。

保罗"依依呀呀"地将自己的小手伸出去，要去拿安娜刚才看的东西。安娜将自己看的东西递到保罗的手里，汉斯在旁边看见了，问："母亲，这是什么？我怎么从来没有见到过呢？"

安娜看着这个东西，低沉地说："这是我母亲家族的族徽！算了，还是先不说这个东西了，等保罗长大的时候，我再把这个故事慢慢告诉你们，好不好？！"

"好！"汉斯声音清脆地回答安娜。然后，就从安娜手中接过保罗，"母亲，你收拾东西吧！我带着保罗去玩一会儿！"汉斯带着保罗坐在安娜铺好的床上，逗着保罗玩儿。

春去秋来，寒暑几度。在时间地催促下，保罗转眼长大了。长大了的保罗，每天都跟在汉斯的后边到处去玩。小哥俩形影不离。周围的居民们都知道，安娜自己一个女人带着两个孩子，并且两个孩子都是私生子，所以，有些刻薄的人在话里话外都会透漏些什么，并且有的时候，还会指着安娜说些什么。

有一次，几个家庭主妇聚集在一起，在暖暖的阳光下面说着闲话，恰好这时，安娜讲完钢琴课回来。在走过这些家庭主妇的身边，有一穿

二战流浪漫曲

二战
浪漫曲

着格子衣服的妇女冲着安娜的背影努了下嘴，对其他人说："看到没，那就是两个男孩子的母亲，真是不检点的一个人，孩子全是私生子呢！"很多人还不知道此事，就问："真假？你是怎么知道的？""这谁不知道，从那两个孩子的姓名就能明白，都是跟随她的姓！真是的，要是知道这样，当初就不应该让她搬到这里来住，简直就是坏了我们这个地方的名声。"穿着格子衣服的妇女说。

"是呀！是呀！"别的人也都附和着，"当时真是没有看出来，她原来是这样的一个人！"

对于这些背后的议论，安娜并不是不知道。但是，在她的性格中，还带有贵族的骄傲。她的腰杆就没有因为这些不入耳的议论而弯下过，还是那么的挺直。

父母是孩子最好的老师。对于孩子，特别是在孩子不大的时候，父母的一言一行都会给孩子带来一些影响。这些居民们时不时地将安娜和两个孩子的事情不停地讲出去，很快，他们的孩子也知道了。这一天，安娜没有出门教钢琴课，而是留在家里给汉斯和保罗缝补衣服。孩子正处于长身体的时候，还很淘气。因此，两个孩子的衣服除了经常会弄脏之外，还有些洞，不知道是在什么地方弄破的。而这个时候，汉斯和保罗已经出了家门去玩了。

他们在离家有一段距离的灌木丛里玩，这时候，有几个孩子过来了。这几个孩子来到汉斯和保罗跟前，一个孩子吸吸快要流到嘴边的鼻涕，大声地对着汉斯和保罗说："滚开！这个地方属于我们！"

汉斯没有搭理他，保罗则是抬头看了他一眼，没有吱声，低下头和汉斯接着玩。那个孩子看到汉斯兄弟俩没有搭理他，感觉自己丢了面子，就上前踢了保罗一下，"看什么看！没听见我说的话呀，滚远点，这里是我们的地盘，不允许你们在这里玩！"

看见保罗被踢了，汉斯"噌"的一下站起来，上前推了那个孩子一下，"你干什么？凭什么不让我们在这里玩！"

那个孩子见汉斯推他，更加不高兴，大声说："你厉害！凭什么？就凭我们都是有父亲的，你们没有！知道什么是私生子吗？你们就是没有爸爸的私生子！"

语言的力量是无穷的，一句话的作用可以产生积极的作用，也可能帮了倒忙。对人有用的一句话，也许能让听者走向成功，但是一句漫不经心的话，也可能让一个人觉得前途暗淡，以至于一生处在低落的状态。一句金玉良言改变别人命运轨迹的例子很多，此时没有人能想到，这个邻家孩子的"一句话"，竟然能改变保罗的一生，让他终生都在为自己的生命唱赞歌。

估计那个孩子也不知道"私生子"意味着什么。但是，此时此刻，他们却因为这一句话打成了一团，几个孩子滚在了一起。你一拳，我一脚，人多对人少，小哥俩寡不敌众。打到最后，几个人各自拍拍身上的土回家了。保罗从地上爬起来看着汉斯的嘴角，说："汉斯，你受伤了，嘴角破了！"

咧了一下有些疼痛的嘴角，汉斯回应道："没有关系的，保罗，你不要紧吧！"

保罗面无表情地说："只是有些疼，我们回家吧。"

带着一身的疼痛，汉斯和保罗向家里走去。可能是怕安娜伤心，两个孩子先在院子中洗干净后才进到屋里，安娜还没有收拾完，所以对他们没有太留意。晚饭的时候，在灯光下，安娜发现汉斯的嘴角破了皮，并且青了一块，就问："你们是怎么了，打架了么？"

汉斯没有吱声，只是低下头往自己的嘴里送饭菜，安娜看汉斯没有吱声，就对着保罗，"你说，究竟是怎么回事？"

"我们之前打架了，不过，并不是我们俩打，而是和邻居家的孩子打的！"保罗回答。

"为什么？"安娜接着问。

"我和汉斯在玩，他们不让我们玩，还踢了我，说我们没有父亲，是私生子！"保罗将事情的发生简单介绍一遍。

安娜沉默不语，她不知道该和保罗说些什么。一个晚上，在3个人的沉默中，就这样过去了。太阳早早升起，来到自己的岗位上，继续履行着自己的义务，将万丈光芒洒向了人间大地。世上的一切阴霾在阳光下都无法掩藏踪迹，只有温暖和爱在蔓延。

收拾好房间，安娜对汉斯和保罗说出了她想了一晚上的决定，"汉斯，你已经是大孩子了，我今天在去上课的时候，看看有什么技术能让你去学，学点手艺是好的。至于保罗，你还小，就先呆在家里吧！"安娜这样做，有自己的考虑。这样的安排，能让孩子们收心，长大后也有一技之长。

很快地，安娜在城里给汉斯找了一份学徒的工作，就这样汉斯去了城里。家里少了一个人就安静了许多，保罗感到很寂寞，再也没有人陪他说话，陪他玩了。有些时候，保罗一天跟安娜也说不上一句话。安娜有些着急，这样下去不是办法，她必须让保罗有事情可以做，这样能分散一些保罗的注意力。

安娜看着被自己放到显眼位置的家族徽章，有了决定："保罗，你来一下，我跟你说点事情。"

听见安娜的召唤，保罗走了过去，站在安娜的身边。"保罗，你还认识这个吗?"安娜指着那个族徽问。

看着熟悉的图案,保罗在自己的记忆中搜索着:"这个好像汉斯和我说过,是在我们都还很小时候,你提到过的。啊!是族徽!"

对于保罗清晰的记忆,安娜感到很吃惊,没想到保罗在那么小的时候,就记事情了。

"是的,是族徽!在一定时期内,这个族徽带给我们的是家族的荣耀,我们每一个人都会以自己是家族的人为荣,但是现在……"

稳了稳自己的心神,安娜将家族的历史及一些事情对保罗讲述了。保罗听着安娜的陈述,眼睛不住地闪动着,想着在上次打架的时候,那个孩子嘲讽自己的话语,他在心底里对母亲说:"母亲,你放心吧,我会让咱们的家族再一次地站在荣耀的顶端!"

保罗的心理历程安娜并不知道,但是,安娜也已经暗下了决心,要将自己以前学过的知识都教授给保罗。说起来,保罗也是贵族的后代,尽管家族已经没落了,但是血统还在,一定要将保罗培养成一个贵族。

母子俩各自下决心,保罗开始了学习历程。

进入学校之后,保罗努力奋进,进入大学之后更是坚持这种可贵的品性。大学毕业后,他开始了自己的军旅生涯,正式认识到战争的残酷性,也正因如此,他后来才会投身于自己认为正义的情报事业当中。属于他人生真正精彩的部分慢慢开始了。

又是一年的春天到了,莱茵河边的小草从湿润的土壤中钻了出来,在春风中摇晃着自己的腰肢;河边的树已经冒出绿绿的枝芽,向人们展示着身姿。但是人们已经没有心情再欣赏这春景了,纳粹政权带来的恐怖气氛在蔓延,人人都小心翼翼的,唯恐危及自身。保罗早已成人并结婚,在艰辛的成长过程中,他的人生观与价值观得以形成,战胜不计其数的困难后，这个年轻人拥有了顽强的意志和坚定的决心。如今，代号为"格里芬"的保罗已经在德国的社会上有了一定的地位，他除了是德国主要科学期刊的主编外，还是施普林格出版社的科学顾问，这种社会地位对于他获取情报有很大的帮助。但是，他的妻子总不在他的身边会引起一些"有心人"的怀疑，为了配合他工作以及身份地位，他必须有一个完整的家庭，必须有妻子在他的身边待上一段时间。

传说中，格里芬一生中只有一个伴侣，并且对这位伴侣的忠诚延续至死。本来组织上可以为他安排一个假妻子，但保罗拒绝了。经过再三的考虑，保罗决定让妻子回到德国，只要做好保密，妻子是不会发现自己真实身份的。但是，妻子是犹太裔，在这个时候来德国会有危险，怎么办？最终保罗还是想出了办法，给妻子制造了各种身份证明的文件，让妻子以探亲的名义待上一段时间后再回到英国。

凭借着伪造的文件，保罗的妻子来到了德国，为了不让盖世太保看出问题，保罗的妻子很少出门，除了和保罗去一些社交场合应酬外，她基本上都是在家里做一些家务。而保罗每天都是在整点时分上下班。就这样，在保罗有心地隐瞒下，他的妻子一直没有发现保罗是一名收集情报的间谍。

几年没有和妻子见面了，这次见面后，不知道下次再见面是什么时间，因此保罗尽可能地对妻子呵护备至。一天，妻子问正在翻书的保罗是否还记得定情时写的那首诗。当保罗深情地读起那首诗时，妻子的泪水悄无声息地掉了下来。两个人的感情非但没有因为几年的分别而疏远，反而变得更加深厚。之后，两个人深情地互相看了一眼，便紧紧地抱在一起。

那是一个晴天，天空中分布着片片白云。保罗迈着他特有的步伐从出版社走了出来，从表情上能看出，他的心情很好。出版社付给了他全部的稿费，好心情是要与人分享才更快乐，于是，他决定找几个朋友去酒吧小聚一下。看到外边的天气这么好，保罗打算走着去找朋友。

穿过几条繁华地路段后，保罗走到了一个冷清的小胡同口，正要走过去时，忽然听见从胡同的深处传出哭泣声。想了一下，保罗走进了胡同里。有哀求的声音传来，从声音表达的内容中他立刻意识到这是盖世太保在胡乱抓人。出于对纳粹的厌烦心理，他决定拯救这个无辜的人。最终，在他亮出自己的身份之后，盖世太保将那个人放了。

太阳渐渐地移动着，保罗帮这家人收拾完，晚霞已经布满了整个天空，这家人挽留他吃晚饭，保罗拒绝了，走在黄昏的路上，他感到些许轻松，从他的步伐中能看出愉悦的心情，为他人提供帮助能够充分体现一个人的生命力与价值，此时此刻，保罗充分体会到了这一点，一种温暖感在心中涌动。

刚进家门，电话铃便响起来，原来是罗斯鲍德打来邀他喝一杯的。聊了一会之后，保罗同意晚上前去赴约。

月亮升起来了，星星也在天空中闪烁着，保罗乘车来到晚宴的地点。这是与和平时社交宴会没有区别的晚宴，音乐回荡在宴会厅，舞池里有人在跳舞，餐桌旁三三两两的人在说着话，觥筹交错，灯光闪耀。保罗进到这个宴会厅的时候，里面已经聚集了很多人，不少人见到保罗后都和他打着招呼，保罗不停地回着礼。这时候，罗斯鲍德手上端着红酒，朝着保罗走来，简短的寒暄之后，便离开了。

宴会上都是各界名流，但是保罗并不想和他们有什么交集，因为觉得这些人口中只有服饰、天气和食物，这简直无聊极了。就在保罗十分无聊的时候，角落中几个人的谈话引起了他的兴趣，他们谈论的是城外

二战浪漫曲

要建立一座新的集中营。这可是一个很重要的消息。仔细听了一会之后，保罗假装只是顺便路过，走向那里。

保罗走上前去打断他们的谈话，故意用很高的音调和他们打招呼。之后，压低声音告诉他们不要讨论时局。然后回到朋友身边，将这件事说了，原来朋友早就知道这件事，并提到了记者可以进入集中营内部进行采访。这是一个好的时机，他决定要利用这点做些什么。

即使是在困境中也常有希望存在，积极的人会不停地去寻找，细细地去体会。面对困境，强者会依靠自己的力量脱离它，而圣者则是帮助其他人从困苦的境况中解脱出来。当保罗得知记者能参观集中营后，他便立刻着手进行准备。保罗的资历使他的申请很快通过了审核，他已然向目标迈出了一大步。

连日来的晴天使人们形成了一种惯性，这天清晨，保罗打开窗帘，但阳光没有如期而至，乌云密布的天空下，地面被雨水浸湿成深暗的色调。打破了意识上的惯性，一种新鲜感在心内油然而升，他决定今天不出门，在家好好享受一下细雨绵绵的悠闲时光。就在这时，电话铃响起，原来是同事打来的，告之保罗带上记者证去集中营进行采访。

他看了看天空，也许特别的天气注定了这是一个与众不同的日子吧，准备好必备物品后，保罗出发了。当他到达喷泉广场的时候，已经有十几名记者等在那儿。接着，一名纳粹军官带着几名士兵向他们走来，并大声说："我是上级派下来带领你们去参观的，现在我阐明一下要求，千万不要去禁入的地方，否则，看到我们腰间的枪了吧！这家伙可不长眼睛的！"说着，纳粹军官拍了拍腰间的配枪。

纳粹军官的话音刚落，本来还有些吵闹的广场一下子就安静下来。这种寂静显得有些死气沉沉，压抑得让人呼吸困难。纳粹军官满意地看着这些记者，点了点头，并告诫他们不许带照相机。

听到职业必需品都不允许携带，广场上立刻唏嘘不已，记者们不止喧哗起来，还夹杂着高声的喊叫，一时间，抗议声不断。

看到现场变得混乱，纳粹军官不屑地笑了一下，大声告诉他们只有香烟可以带进去。这句话让保罗心里一动。香烟？这可是个好东西，没准在里面能用的到。

摸摸自己的口袋，保罗发现身上还真的带了两盒香烟，吁了一口气，一颗悬着的心放了下来。

"还好带了香烟，真是不幸中的万幸，也许它会派上用场。"保罗暗自思量。

在纳粹军官的带领下，记者们三五成组地走着，队伍外围，是纳粹军官带来的几名士兵。有位记者小声地咕哝着，"这是参观吗？倒像被押送。"雨一直下，保罗走在记者队伍的中间，皱了皱眉提醒道，"别乱说话，当心点，这些人可不是好惹的。"很快，队伍安静下来，只有脚踩泥水的声音。

这座广场位于城市的中央，显得气势非凡。记者们一路跟随着纳粹军官，两辆车停在不远处，走到车前，纳粹军官道："由于此行极为保密，所以剩下的路程要乘车，上车吧！"

这些平时参加上流社会宴会，习惯穿戴整洁的记者们哪受过这样的罪。尽管对这种做法不满，却没人敢出声，毕竟枪在人家手中握着呢！无奈下，记者们只好服从命令爬上车。当记者们都上车后，几名士兵分成两伙，各跟一个车，车上的防雨布落了下来，把车厢挡得严严实实的，没有一丝光能透进来，保罗在第一辆车里。

车晃晃悠悠地开着，刚刚步行的时候，由于雨越下越大，很多人的

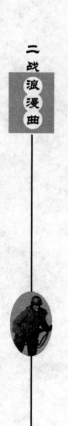

二战
浪漫曲

裤子都已经湿了半截，此时，它们正湿粘的贴在腿上，让人感到极度的不适。虽然没有走太长的路程，但身心的压抑让人们感到身心疲惫。黑乎乎的车厢让人失去安全感，人们依偎着坐在车板上，此情此景，令人甚感悲凉。汽车摇摆不定，黑暗中，保罗无法确认时间，在心中估算着，已经走了大约一个多小时。正想着，突然间，一个刹车，人们的身体前后耸了一下，目的地到了。很快，防雨布被掀开，光亮的降临仿佛使所有人再一次回到现世当中来，继而听到纳粹军官喊道，"到了，都下车吧！动作快一点。"

头昏脑胀的记者们陆续地下了车。待坐车的眩晕感缓解之后，保罗开始打量起四周的环境来。这是一个空旷的大院，院子的四个角落里有执勤的纳粹士兵，几排房子建在院落的东边。院子里没有一棵树，院墙非常高，很难出去，车是从大门口驶进来的，大门口处有三道哨岗。种种迹象表明这个院子的管理是很严格的。

"女士们，先生们，你们可以参观这里的集中营了。我提醒你们要注意，时间是 3 个小时，每个人跟着一个士兵，祝你们参观愉快，不过，如果发现有人出现违规行为，后果可是很严重的，士兵可以直接开枪，这是被上级允许的。3 个小时后，回到这里集合，车子会将你们送回到出发地。如果有人不按时归队，那就只能一直留在这儿，别想出去了！"纳粹军官露出阴险的笑容。

就这样，一个记者的身边跟随着一个士兵，他们分别向自己感兴趣的地方走去。保罗身边跟随着一个老兵，单从他脸上的痕迹就能看出他当兵的时间长短。保罗伸出手，"你好，我是罗斯鲍德，接下来的事就麻烦你了！"

老兵看看自己的手，在身上抹了一下后，握住保罗的手，并告诉他可以随意去想去的地方。接着，保罗将口袋里的香烟掏出来，向他示意。看着眼前的香烟，老兵咽了一下口水，左右瞄了一下，确定四处无人之后，便十分感激地将香烟装了起来。战争时代，香烟属于稀缺资源，非常珍贵。故一盒普通的香烟就让这位老兵视保罗为兄弟了。

过了一会儿，老兵将自己的联系方式留给保罗。就这样，保罗在这个集中营里交到了一个老兵朋友。以后的日子，保罗按照老兵提供的地址送去香烟等紧缺物品，而老兵也在和保罗的说话过程中透露出不少集中营内的信息。保罗将这些信息记在心里，经过汇总和筛选后，成为了有价值的情报。

"朋友"，虽然只有两个字，但它的含义却耐人寻味。真正的朋友会在你身处险境时毫不犹豫地伸出援手，而当你功成名就时，他会绽开最幸福的微笑，而后隐在你的光芒里。没有朋友，你将缺失世界上最宝贵的财富，只有被友谊润养的生命，才会体会到朋友的真正含义。除了收集情报外，保罗在帮助他人逃离纳粹魔爪中获得更多的友谊，对于需要他提供帮助的人，保罗皆竭尽全力。他们成为生死之交，人们感激地称呼保罗为"最紧要关头帮助你的骑士"。

战争是残酷的，无数人的生命消逝在战火中。随着战争的消耗不断增大，兵源出现了短缺，所以，补充兵力成为了德军的首要问题，纳粹当局动员年轻人参军，有时甚至强迫年轻人服兵役。在看清了希特勒的野心并体会到战争的残酷性后，一些有理智的德国青年选择不再追随纳粹，反战情绪在他们的心中涌动。为了不参军，青年人开始想方设法地离开这座陷入混乱的城市。能够充军的人越来越少，此时，纳粹的盖世太保又多了一项任务，那就是四处搜寻能上前线打仗的人。

午后的一天，太阳暖暖地照耀着大地，天气非常好，保罗决定整理

二战浪漫曲

一下院子里的植物。由于工作原因，它们已经很久没被打理过了，灌木丛长得很高，树枝的叉也毫无规律地伸出来，草坪上的草有些已经干枯了。这些大自然的成员全然不知生活在水深火热中的人们的艰难，保罗看着它们，内心不禁感慨，战争常令他触物生情，但很快，他便出离忧郁，一边在草叶间忙活，一边思考着接下来的工作。这时，远处传来了噼里啪啦的脚步声，急促的步伐让保罗的神经立刻绷紧。他判断，这声音里，有人在逃跑，有人在追。

　　脚步声越来越近，一个身影很快出现在院外。保罗透过灌木丛，看到他是一位年轻人，几绺微卷的头发由于奔跑的缘故凌乱地翘着，他的神情十分慌张，不时地向身后张望。保罗立即打开院门，轻声对年轻人说："需要帮忙吗？"

　　看到一脸善意的保罗，他稍作犹疑，忙说："我不想去前线打仗，盖世太保正在抓我。"

　　"快进来，到我这儿躲一躲！"

　　"会连累你的！"年轻人有点迟疑。

　　"不会，快进来！"听到保罗这样说，年轻人一咬牙，快速闪身而入。

　　保罗将年轻人藏好，回到院子里继续整理花草。气喘吁吁的盖世太保赶到，叫嚷着："这小子跑得还挺快，一会儿工夫就没影儿了。"

　　住在这一区域的人大都有一定背景，盖世太保追到此也不敢太过放肆，他们不能随意搜查，否则，就有弄巧成拙的危险。但是，公务在身，也只能按规定办事。

　　他们四下寻望着，突然看到蹲在院子里干活的保罗，一名盖世太保问："有没有看见一个年轻人从这里跑过去！"

　　"什么年轻人，我刚出来整理草坪，就看到你们跑过来！"保罗一副事不关己的神情，看到保罗一脸的无辜相，丝毫没有产生怀疑，继而咒骂着向前追去。

盖世太保离开了。保罗听着渐渐远去的脚步声，仍然若无其事地收拾草坪，似乎完全沉浸在悠闲的时光中，直到满意地点点头，才走进屋子。藏在屋子里的年轻人一脸憔悴，显然惊魂未定。保罗说："他们已经走远了，你可以先在我这里待几天，等风声过了，我再想办法送你离开这儿！"

年轻人疑惑不解地看着保罗，脸上带着警惕："你为什么帮我，我身无分文，没法报答你！"

保罗未作声，给他倒了一杯水，"喝点水，平静一下吧！"

"我是记者，同时也作科研。在我看来，年轻人是国家最珍贵的资源，你们肩负着建设国家的重任，但是这场战争毁了一切。我帮助你不为得到回报，只想为我们的祖国保存实力，让更多如你一样的人能坚强地活下去！"保罗专注地看着年轻人，用坚定的眼神鼓励着他。

眼睛是心灵的窗口，年轻人从保罗的眼睛里看出了诚恳，他喝了一口水，说道："谢谢你！素不相识的先生。"

几天后，保罗将他送达安全的地方，并给了他一些钱、书籍、食品和衣服。就这样，他又一次成功地帮助了一个年轻人从纳粹的兵役中逃脱。另外，保罗还利用记者的身份去前线采访，近距离地接近已经被抓去服兵役的年轻人，并为其带去书籍、食品等所需物品。

在战争中消耗的不止是人力资源，物资的匮乏进一步恶化了人们的生存状态，交战国的底层人民倍受煎熬和迫害。德国作为交战国，虽然在很多战场占据了一定的优势，但民众却不得不与现世的残酷抗挣。关于这一点，当局也采取了一定的措施，吸取第一次世界大战的经验，德

二战浪漫曲

方根据本国经济发展的情况制定了生活必需品的战时配给制度。

战争伊始，德国囤积了大量的战争物资，比如粮食存储量足够整个国家吃两年。希特勒很清楚若要平稳民心，确保民众的生存需要是前提。但是，随着战争的深入，最终不得不实施战时的食品专门配给制度。为了避免在战时遇到食品物资缺乏的问题，纳粹一直劝告农民要合理而充分地使用耕地及饲养的牲畜，户主们要多种植蔬菜。

虽然市场交易仍处在稳定的可控状态，但商品并不能无限制的采购，很多东西必须依据按户口分配的购物券进行交易，因此在一些紧缺商品上，经常会排起长龙。如果想多买，就必须要付一倍或数倍的价钱。这种情况持续了很长时间，底层百姓渐渐对纳粹当局的允诺失去信心，时间能够抚去一切忧伤，反之，它也会让灾难变得更加深重。长时间的战争消磨了德国民众的意志，生活的不确保、不稳定令很多人产生悲观情绪，直到德国发动的闪电战取得了胜利，这一情况才得以缓解。

战争局势的变化让纳粹紧张起来，德国的供应体系也发生了变化，为了能支援前方的战斗，当局号召家庭妇女将家里"多余"的东西捐献出来，特别是废弃金属，当然好的金属更留不下。盖世太保们将活动范围逐渐扩大。他们像鼻子灵敏的动物一样，四处嗅着，一旦发现对战争有利的物品，就会进行收缴。若发现谁家的房子是铜皮屋顶，他们会立刻爬上去，将其拆下送去熔化。

铜是目前所知的人们最先使用的金属类别中的一种。在史前时代，铜就广泛地被用来制造武器、食具以及其他器皿等物品，为了能得到铜，人们开始挖掘露在地面的铜矿。可以说，铜在人类的早期文明中有着难以替代的作用，对人类文明的进程产生深远的影响。随着时间的推移，科技的进步，作为与人类息息相关的有色金属"铜"被多方面地应用在轻工、电气、机械制造以及国防工业等领域。特别是在国防工业中，铜更是有着难以撼动的地位，各种武器零件等都是用铜制造出来的，如果生产数百发的子弹，那就需要十几吨铜。

由于战争的原因，德国的有色金属资源变得紧张起来，为了节约重要的战略资源，他们开始用铜制造铜壳和涂漆钢壳弹。因此，到居民家中搜缴铜器皿和铜工具成为了一部分盖世太保们的工作。那个时候，铜器皿在居民的家里是很常见的物件，虽然一些居民不知道盖世太保们搜缴铜质物品是为了做什么用，但是，在那种被恐怖笼罩的环境下，为了能保住自己的生命，一些铜器皿和铜工具即便是被盖世太保们收缴，居民们也不能有任何反对意见来。

与那些不懂的人相比，保罗显然知道纳粹当局收缴居民家中的铜的目的。于是，他决定找个合适的时间将家中的铜器皿和铜工具藏起来。

独立庭院，除了那些高级住宅区里有之外，就剩保罗居住的地点了。但是，这个地方与富人居住的地方还是很有区别的。独立的房子带着前后两个花园，房前和房后是用栅栏围成的墙，四周种植着郁郁葱葱的灌木丛，数棵树木很有顺序地分布在前后的花园内。每当到夏季，这里总是给人一种雅致的感觉。不光保罗的庭院是这个样子，其他住户的庭院也都有着各自的特点，从庭院的雅致能看出来，在这里居住的人都是些有学识的人。

保罗先是在自己的屋子里寻找能藏东西的地方，开始他想将这些铜器皿、铜用具藏在壁橱里，但是想到盖世太保像鹰犬一样，搜寻东西时定是一个角落都不会放过的，他们搜寻过后的地方犹如蝗虫过境般，于是，他放弃了在屋子里藏东西的想法。

月亮已经升起来了，清冷的光芒照着这片土地，保罗没有点燃灯火，而是站在窗口前，看着如幕布一般的天空。天空不止有月亮，借着清冷的月光还能看见几朵云，云朵慢慢地移动着。保罗将头低下，他没有想出将东西藏在哪里才是最安全的。

当他将头抬起来的时候，忽然发现月光没有了，几片幽暗的云遮住了月亮。突然，他灵光一闪，想到放在任何地方都不安全的东西可以藏在花园里，与后花园相比，前面的花园经常能让人看见，这样东西藏在屋前的花园里就不会让人怀疑了。所谓最危险的地方便是最安全的地方，想到这，保罗立刻去准备工具以及要藏起来的物品，等夜深人静后再去将东西埋起来。

夜越来越深了，保罗仔细查看外面的动静，没有发现一丝异样。月亮似乎也累了，扯过一片云彩，盖在自己身上，准备睡觉了。保罗起身，带着挖土的工具和要埋藏的物品来到了前花园，在前花园左侧的一棵树下挖起土来。一会儿功夫，一个能将东西埋进去的坑就挖好了，保罗将东西埋好后，长呼了一口气。

在保罗埋好物品的几天后，盖世太保已经收缴到他居住的这一片住宅区了，一阵鸡飞狗跳后，就轮到保罗的屋子了。盖世太保们大摇大摆地进了保罗的院子，高喊："有人在吗？"

保罗从屋子里出来，看着这些盖世太保不满地说道："你们都已经进来了，还问有没有人？"

一看是保罗，盖世太保的带头人哈哈笑着走上前去，"原来是罗斯鲍德先生的家呀！我们这不是不知道嘛！先生情报灵通，想必是知道当局的命令了，我们这是遵循上面的命令，收缴铜器。先生还是配合一下吧，我们也就不进去了！"

原来保罗采访过很多人，一些位居高位的人也都接受过保罗的访问。

因此，保罗在这些盖世太保的眼中也是个很了不起的人物。

"我说我这里没有铜器你们也不相信，还是进来看看吧，毕竟这是执行公务，我不能让你们为难!"保罗脸上露出表示理解的表情说。

保罗的一句话让盖世太保听得很舒心，他们走进屋子，左翻右看，还真是没有发现一件铜器。见到这样的情况，盖世太保的头目起了疑心，现在这么多家庭都用铜器皿，铜工具，怎么一个在社交场合混的很开的人，家里一点都没有呢？

看见盖世太保头子的表情，保罗知道他起了疑心，就说："我是个学者，我对于金属有自己的看法。要知道，在潮湿的环境下，铜容易生成铜绿，铜绿在空气中和氧气发生化学反应产生的物质是有毒的。而且在烹饪的时候，经过摩擦后会留下铜和锡，一样会对人体产生伤害，所以我不使用铜制的器皿和工具。"

提到学术问题，保罗的双眼散发出耀眼的光芒，看着这样的保罗，盖世太保说不出什么，只好无功而返了。

除了铜制成的器皿和工具被收缴外，硬币也成为盖世太保收缴物品中的一项，这就让保罗落下了一个"心病"，除了将自己持有的硬币埋藏好，他会和到他家来的客人索要硬币。一次，保罗的朋友梅赫兹·卡塞尔来拜访。保罗热情地将朋友迎进了家门，两个人就在宽敞的客厅聊着天。

看到保罗用玻璃制品给他倒水，卡塞尔就想起了盖世太保收缴铜制品的事情。卡塞尔还抱怨盖世太保还将铜制品收缴光之后，连他的硬币也不会放过。

卡塞尔的话提醒了保罗，对呀，硬币也是用铜制成的。如果盖世太保们收缴钱币，那在数量上就更是惊人了。想到这里，保罗突然对卡塞尔说："你身上带着硬币没?"

奇怪的问题让卡塞尔觉得保罗是不是病了，但仔细观察保罗之后发现，他十分认真，就将自己的硬币全部给了保罗。

吃过晚饭后，卡塞尔告辞了，保罗开着车将他送回家。当返回自己的家中时，已经是月挂中天了。休息一段时间后，保罗像以前埋铜制的器皿和工具一样，将硬币埋在了花园里。从此，保罗就开始和盖世太保玩起了埋"宝藏"、捉迷藏的游戏。只要是他收集来的铜器皿、铜工具和硬币等纳粹当局需要的物品，他就藏起来，盖世太保也搜查了他家数次，但是每次都是无功而返。如果说盖世太保从谁家没有收缴过东西，那除了一些特别贫困，一无所有的人家外，就是保罗家了。

在恐怖气息蔓延的德国，保罗把同纳粹政权的斗争看成了生命中的一种乐趣，他深深地陶醉在这种战斗生活中。一次，他要乘坐火车去采访，不知道是因为时局的原因，还是因为其他原因，在这趟火车中，保罗所乘坐的车厢里竟然只有他一个人。保罗坐在空旷无人的火车包厢中，看着车窗外一闪而逝的风景。

远处的山笼罩在一层薄雾中，透过这层薄雾，仿佛能看见山上那若隐若现的树木。山脚下是一片田地，空旷的田地让人的心中生出一种苍凉的感觉，高大的树木和电线杆每隔一段时间就会在车窗外闪过。为了避免视觉上的疲劳，保罗看了一会儿风景就将视线从车窗外转移回来，开始打量车厢内的装饰。

不知道是因为没有多少人坐车，还是打扫得不干净，车厢内一些能坐的位置已经有了一层灰尘，一些装饰车厢的物件没有了当初的风采。有的少了一角的螺丝，歪歪斜斜地挂着，随着火车前进的方向不时地晃动着。有的装饰根本就不见了，只剩下四周的痕迹显示当初这里有过装饰物。

忽然，保罗发现车厢里的一个装饰物是用铜制成的。他想，如果盖世太保发现的话，他们是不会留下这个装饰物的，弄不好，其他的车上也有铜装饰物，不管了，还是先把这个处理掉吧！于是，保罗拿出自己的工具，将固定铜装饰物的螺丝拧开，把装饰物卸下来，然后将车窗打开，把东西扔下去。就这样，保罗又找到一种同纳粹盖世太保们作对的游戏。在以后的日子里，他在车上，只要是发现车上有铜装饰物，就想方设法地弄下来，然后丢掉。

生活中随处都有乐趣，就看人能不能发现这种乐趣，在紧张的时局中，保罗与纳粹分子的战斗总是那样有趣，这是一个斗智斗勇的过程。要么是纳粹分子一无所获，要么是自己命丧黄泉。但是，这其中的乐趣只有本人才能够知道，每当赢得了一场战斗，成就感就在心中涌起。

物资紧缺的蔓延，几乎涵盖了生活的各个层面，为了节约纸张，纳粹当局下达了命令，让人们在使用邮票的时候要用面值正确的。保罗对这样的命令嗤之以鼻，他在写信的时候不写自己的地址，在信封的上面贴上他能找到的所有面值的邮票。

一次次斗智斗勇让保罗自信心大增，经过锻炼，他借助采访的机会获取情报的技术越来越熟练，人际关系网已经在上流社会张开，每一个人都会在不知不觉中告诉保罗一些有价值的消息，再经过整理推敲，情报的真实程度就高了很多。他就在这样的情况下不断进步，为盟国作出贡献。

事情还远远没有结束，精彩的故事才刚刚开始。秋季，是一个美丽的季节，是保罗非常喜欢的季节。秋季有他母亲的身影，有对母亲的回忆。战争，已经使美丽的秋季不再，突如其来的霜冻让秋天开始凋零，阴沉，冷风袭袭，让人无法承受。暴风雪加快了脚步，没等到冬季到来

二战浪漫曲

就已经姗姗而至，让本就冰冷的秋季变得雪上加霜。1943年底，英国某情报部门卫兵顶着天上铺天盖地降下的暴风雪，脚下踩着厚厚的积雪发出"吱嘎、吱嘎"的声音，他们在巡逻。

"天气真冷啊，还没有来得及换上棉服就气温下降了，又下了这么大的雪。"士兵被冻得不由自主地加快了巡逻的脚步，还不时地把冻得已经红肿的手放在嘴旁，靠着嘴里呼出的气暖手。

"是啊！不知道这鬼天气什么时候放晴。看看飘下的大雪片，这哪里是秋天啊！每年的冬天，这么大的雪也是不多见的。"另一个士兵说着话，似乎是在抱怨这不应该有的寒冷的天气。"唉！到处不太平，天气也是这样。"又一位士兵用力地拍了拍身上的雪，嘴里说着。

"世界不太平，兵也难当啊！我们在这里执勤还是比较幸运的呢，看看前线打仗的，那真是随时准备送命啊！"抱怨天气的士兵说着话，用力地跺了几下脚。落在脚面上的雪花被震落了，脚下的雪被震得像炸开了一样。

"现在是战争时期，我认为在战场上打仗的战友们是好样的。他们带着国家的使命，在前线拼杀，如果没有他们付出血和肉的代价，那也不会有我们这些巡逻兵在这里安静地巡逻了。"士兵讲着自己的诸多感慨，觉得用呼出的气暖手已经不再管用，继而改成用搓手的方式。

"战争快一些结束吧，自从大战爆发，我就再也没回过家。真不知道家里的人都怎样了，几年过去了，一点音讯也没有。"另一个士兵说道。他抬起头看着天上密密麻麻的雪花飘落下来。天上是白茫茫的，深不见底，地上也是白茫茫的，一望无际。向远处看，分不清楚哪里是天，哪里是地，只觉得自己已经身处在虚幻的世界之中，心灵也似乎被这白皑皑的雪给净化了。

突然，一个士兵嚷道："看，这是什么东西？"在平坦的石阶上铺满了厚厚的雪，石阶的中央鼓起了一个大包，层层落下的雪将它掩盖在了下面，让它看起来像是一团从地上"长"出来与台阶本身浑然一体的东西。士兵们纷纷围拢过来，商量着应当怎么处理这个"不速之客"。

"不要碰它，也许是炸药，危险。"

"刚才经过时怎么没有发现呢？它一定是刚刚被人放在这里，但是，并没有看到有人走过啊，这鬼天气，可真是见鬼了！"一时间，所有巡逻的士兵七嘴八舌的议论开了，有的人面露惧色，有的人不禁向后退几步。

"别吵了，看看到底是什么东西？"巡逻队的小队长大声说道。

一声令下，人们立刻变得安静了，此时大雪依然在不断降下，大片的雪花继续一层层地叠加到不明物上，将这件神秘物品更加深入地埋藏起来，皑皑白雪抚去大地的一切痕迹，巡逻士兵的脚印很快被掩藏了。此时此刻，空气仿佛一下子被冻上，巡逻兵们面面相觑，谁也不敢上去一探究竟。巡逻队长咳嗽了一声，不满地看了看身边的人喝道："快去找来个树枝，扫掉上面的雪，都惊慌什么，一群胆小鬼！"

"我去找树枝。"一个年龄偏小的士兵机灵地应了一声，随即快速向远处跑去。很快，他便消失在雾蒙蒙的雪海中，只留下一串长长的脚印。剩下的人只有静等，虽然不再议论，但各自都在心里暗自揣测着。

"里奇不是借着这个机会跑掉了吧，他怎么还没有回来？时间都过去这么久了。"有人说道。

"别胡说，里奇不是这样的人。再说，军有军规，违反军纪的后果他应该清楚。因为这么一点小事就跑，那叫逃兵，是要受到军法处置的。"队长说着。

有人不服气，依然坚持说："过去很长时间了，找个树枝有这么难吗?"队伍里已经有几个人开始同意他的说法，点了点头。

"快看，好像是里奇!"一个士兵叫起来。

远处闪现的黑色轮廓渐渐清晰，越来越近，巡逻兵们有点兴奋，因为他们看到了这个人手中举起的一根长长的树枝。人们如释重负，纷纷招呼他过来。

队长接过树枝，小心翼翼地走到距离"突出物"不远的地方。用树枝一点一点地试探着扫去上面的雪。一个用牛皮纸包着的包裹渐渐露出来，它被绳子结结实实地捆着。虽然还未看到里面的包裹物，但此时的巡逻兵们都已松了口气。

队长又走近一些，继续扫着包裹上以及它周围的积雪。只见在包裹的一侧贴着纸条，他小心地拿起地上的包裹，所幸，那上面的字迹并没有被雪水浸透变花，还能很清晰地看到上面写有"请鲍勒斯将军收"的字眼。

一位巡逻兵说，"是鲍勒斯将军的邮包，看来应该是很重要的东西了，我们赶快把它送去吧，否则，也许会误大事。"

"幸亏看到了，如果真被大雪彻底掩埋，它可能会在这儿沉睡几个星期了，也许会被敌人捡走，那可就麻烦了。"小队长自言自语着。

巡逻队卫兵赶紧将这个包裹交给了鲍勒斯将军。收到了这个不知来历的包裹的鲍勒斯将军也产生了质疑。他非常担心里面是否会装有类似炸弹的爆炸物。巡逻队卫兵将事情的来龙去脉详细地告诉了他。但是，这仍不能让他放心。将军坐在办公桌的后面，沉思着。想根据巡逻士兵所说的每一句话，寻找到一丝线索。

"当，当，当"一阵敲门的声音打断了鲍勒斯将军的思路。

"请进，哦，原来是格林斯。怎么，今天不是星期日吗？你不休息吗?"格林斯是鲍勒斯将军的一位忠实的下属,已经在鲍勒斯将军手下工作多年,对于鲍勒斯将军的工作习惯非常了解。他知道这个时候鲍勒斯将军一定是在自己的办公室里处理一些需要亲自处理的棘手问题。

"将军好,您总是日理万机的,今天不是也没有休息吗? 我是有一件非常重要的事情要来向将军阁下报告的。"格林斯笑着迎着鲍勒斯将军的话说,算是打了个招呼,接着表情马上又变得严肃了许多。

看到格林斯面部表情的迅速变化,鲍勒斯将军已经意识到一定是有重要的事情要向自己禀报。否则,格林斯不必要在星期日的时候来到他的办公室。

"格林斯,您一定是有重要的事情要向我报告。"鲍勒斯将军直截了当地询问格林斯。

"是的,将军。"格林斯站在那里恭敬地回答着。

"到这边来谈吧。"鲍勒斯将军指了指靠在窗前的沙发,两个人都坐了下来。

"这是哪里来的包裹?"格里斯坐在那里,一抬头,就看见了放在桌子上那个包裹。

"这是我接收的邮包,但是我不知道这个邮包的主人究竟是谁,还有里面到底是什么。"接着,鲍勒斯将军就把包裹的来源以及巡逻卫兵的话又详细地转述给了格林斯。

"事实上,这您不必担心,我今天来见您的目的就是为了这个东西。"

格林斯停顿了一下,看着将军把目光看向自己,把声音放低一些,接着说道:"前两天我接到了通知,一位代号叫做'格里芬'的特工人员最近要向我们送来一次有关德国军事领域的重要情报。但是因为在送情报的过程中出现了障碍,所以,他的情报包裹不得不临时改变了运送途径。万幸的是，我们安全地收到了情报，而且看来这个包裹是完好无损的。"格林斯看着桌子上的包裹，对将军仔细地讲着关于这个包裹的由来。同时打开了包裹外面的铅封。

包裹被小心翼翼地打开了，在里面的东西看起来并没有什么稀奇指出，整个包裹当中包含的是一些精装的食品盒和几本学术类的书籍。格林斯取出其中一本，在书页之间找到了几张影印纸。鲍勒斯将军接过来，翻来覆去仔细地看着、研究着，生怕里面夹杂着重要的情报被忽略掉。

没用多久，所有书中的影印纸都摆在两个人的面前，摆在鲍勒斯将军和格林斯面前的影印纸一共有 8 页。其中有一页上用隐晦却细致的文字进行了其他纸页总体内容的说明，剩下的 7 页上面所包含的内容都是一些设计图纸以及还没有付诸实施的概念草图，在其中一张上，还缩印有一份德国军事方面的报告。鲍勒斯将军仔细地分析着每一张图纸。各个图纸都被标注得非常明确和清晰。鲍勒斯将军拿着这些图纸，找出了自己常用的放大镜，一张一张地仔细看着，图纸上面详细地说明了德国军队武器装备的最新进展情况，并提供了相关的草图。令鲍勒斯将军惊讶的是，在这些图纸中，竟然还有巨型火箭的设计图纸。还有一份报告，引起了鲍勒斯将军的高度重视。

"这些文件太重要了，包裹的目的地一定不是我这里。之所以把它交给我，是希望我把这个重要的包裹亲自送到伦敦去。看来这位特工人员在传递包裹的时候，确实遇到了难以突破的困难。事不宜迟，我现在就动身。格林斯，请你帮我安排好我去伦敦的行程。越快越好!"鲍勒斯将军向格林斯发出了命令。

"尊敬的鲍勒斯将军，我在来到你这里之前，就已经做好了一切准备，以防万一。因为我知道，一旦重要的包裹被我们接收，必须马上把

备，以防万一。因为我知道，一旦重要的包裹被我们接收，必须马上把它转运到伦敦。"格林斯一边说着，一边从衣服的内兜里拿出火车票。

"这是今天晚上的火车，开往伦敦。鲍勒斯将军，您现在还有一些准备时间，看看我还能够为您做些什么吗？"格林斯继续地说道。

"亲爱的格林斯，你可真是我的好助手。"鲍勒斯将军很是欣赏格林斯的做事风格。多年的交往，格林斯的工作总是很令自己满意。

把文件重新整理好后，鲍勒斯将军很快将其送到伦敦。从接到文件，到送达伦敦，一共不超过 30 个小时。文件中提供了很多珍贵的军事情报信息，其中的《奥斯陆报告》引起了英国情报机构的高度重视。

《奥斯陆报告》是希特勒对付英国的一项"秘密武器"。保罗也是在一次采访中意外地得到了这个珍贵信息，并获得了这份资料。

阿道夫·比尔是希特勒手下的一名高级官员，已经随从希特勒多年。而此时的德国战况吃紧，节节败退。

从 1942 年第一次阿拉曼战役开始，德国军队在第二次世界大战中就占有着战役上的优势，成功地占领了阿莱曼。就在德国军队到达了一个战略地点，继而在向前推进计划攻打亚历山大港和苏伊士运河的时候，它在苏联的一幕又重新上演了：后勤供给开始出现紧缺。这让英军有机会阻挡德军的进攻。

年末，第二次阿拉曼战役又爆发了。此时的德国和意大利联军已经占领了阿拉曼地区，如果战事再继续向前推进的话，就可能会直接侵占整个埃及。这就意味着，如果埃及被占领，那么苏伊士运河和中东就会受到严重的威胁，从而也截断了了英国与印度等海外殖民地的紧密联系。对于英国来讲，此时的战事是吃紧的。所以，英国军队采取了主动向德国和意大利联军进攻的行动。此外，英军还必须想方设法地阻止德意军

二战浪漫曲

队的反攻。

　　沉静的夜色中，保罗正在房间阅读着报上的新闻，德军已经处于窘迫状态，英军既然采取了主动，那就说明他们对未来的战局有了充分的心理准备。当然，保罗心里明白，前线战局的扭转与自己的情报工作不无关系。

　　自己所做的一切并没有付之东流，这让保罗感到欣慰。多年的间谍经历让保罗已经不再像从前那样感情外露，他变得内敛而沉稳，也更加圆滑、精明和淡定了。当然，他也有心力交瘁的时候，之所以有这样的感受，是因为他日夜盼望着这场残酷的战争早日结束，他期待着自己的情报能够被合理地利用，这样的生活如同眼前的夜，他在等待黎明。突然，保罗的眼睛一亮，他看到了一条最新的消息：

　　上个星期的夜里，英国军队的近千门大炮一齐射向德意军队，这预示着英国已经主动向德意联军发动了强攻。不到一个星期的时间，德意军队的人数已经损失超过一半儿，防线被英国军队攻破。全面的溃败致使德意联军向西逃，其中有小部分部队甚至一路撤退到了突尼斯。

　　"太好了，太好了……"保罗眼睛还不时地看着这一段消息，一遍又一遍地边看边自言自语。

　　这条消息的确给了保罗极大的鼓舞。他知道，自己选择的道路是正确的。虽然间谍工作对于战局起到了一些作用，但是，他坚信法西斯的失败注定是战事发展的方向。纳粹给世界人民带来的灾难，必将面对世界人民的同仇敌忾。

　　当前的有利形势大大鼓舞了保罗的工作热情，他要继续走下去，为信仰，为和平而战，此时此刻，他憧憬着美好的未来。与此同时，他的心中始终牢记着为争取家族荣誉而倾尽一生的理想。岁月的积淀使一个男人从懵懂少年成长为心智成熟的人，如今，保罗再也不为儿时的记忆感到自卑。他见过很多世面、对现实的考虑透彻而深刻、思想独立、观点独到、思维敏捷，所有这些，都使他变得胸怀宽阔，富于远见。

德国内阁举行宴会，这一次，保罗作为记者应邀出席。"尊敬的阿道夫·比尔将军，好久没有见到您了，您现在一定是非常忙碌吧？看看你，现在的脸上还带着憔悴。"保罗同阿道夫·比尔将军搭着话。

同事海德西姆很早就到达了这里，远远地看见保罗，急忙走过来，说道："你怎么刚来，宴会厅已经有很多记者就坐了。真不明白，他们怎么会用这种方式来接待记者呢？难道与前一段报道的不利的战事新闻有关吗？"

"你怎么会在这里出现？"保罗没有对海德西姆的一系列问话感兴趣，而是问着这句不相干的话。因为他知道，海德西姆是在未被邀请的行列里。对于他来说，这场宴会是一次绝好的机会，他不想在这儿有人注意到自己的行动。

宴会厅里虽然人很多，有军人、高官、记者，还有一些身份不明的人。宴会的气氛有些特别，一改往常的轻松愉快，人们不再谈笑风生，而是显得有些紧张。

"我是用尽心机才得到这里的邀请函的。听说，今天元首会出席宴会。"海德西姆兴致盎然地说。

记者们默默的等待着，只有少数几个人低声耳语着，宴会厅里仿佛积蓄着一种力量，在等候某一刻的爆发。海德西姆很兴奋，控制不住的提高音调，使之在整个宴会厅中显得极不协调。他的话语引来了其他人的注目，一些人陆陆续续地向这边看来，这正是保罗不想看到的，海德西姆真是一个麻烦！保罗坐在那儿低头不语，他的不配合并没有消减海

二战浪漫曲

德西姆说话的劲头，保罗不禁心生厌恶，他仿佛从未如此讨厌一个人。

保罗摇了一下头，又叹了口气，海德西姆忙关切地问道："保罗，你有什么要说的吗?"保罗耸耸肩无奈地笑了，没有讲话。海德西姆刚要再次开口说些什么，只见宴会厅的侧门被推开，所有人的目光立刻投向那儿，最先出现的是两个士兵，他们很严肃地站在门的两侧，接着走进两个人。

其中一个人就是所有人翘首以待的希特勒！另外一个是他的副官。二人走得很慢，边走边说着话。副官向希特勒比比划划，好像在解释着什么。走到宴会厅中央后，希特勒才抬起头向四周围看了看，希特勒举手示意，向记者们打个招呼，而后落座。

希特勒所在的位置距离记者们的座位很近，显然这是有意安排的。所谓的宴会，其实就是记者招待会。保罗的位置恰好正对着希特勒。很快，希特勒开口讲话了："前段时间的新闻报道我已经阅读过了，我对这些报道非常感兴趣，希望能继续有新的相关报道出现。"

希特勒的声音有些沙哑，而且还略带着点喉音。

"元首的声音不太对，身体不舒服了吗?"保罗点了点头说。希特勒的声音停了下来，向保罗这个方向看了看。

原来，由于天气忽冷忽热，导致了西特勒略感风寒，声音出现明显的沙哑。顿时，宴会厅里到处响起议论天气的声音。"喊喊喳喳"的，保罗觉得很好笑，而希特勒则一言不发。

宴会开始了，保罗毫无拘束地吃了起来，没有再抬起头看希特勒。海德西姆则小声地对正在狼吞虎咽的保罗说："保罗，怎么只顾着吃啊！看，元首还没有吃饭呢，他的桌子上为什么没有食物呢?"

"我太饿了，最近太忙，已经几天没有好好地吃一顿饭了，这饭简直是太好吃了。"保罗对于同事海德西姆的提问还是所答非所问。

虽然大家都在吃饭，但是宴会厅里听不到说话的声音，海德西姆也静静地吃着。只是不时地抬头看一看希特勒的方向。希特勒坐在那儿，沉默了一会儿，又看了一份副官送过来的报告，然后说："这是有可能的，无论是从心理学的角度分析，还是用现代科学的方法来验证，这些都是可以运用的方法。如果有必要的话，我们可以实践一下，试一试。"

这时，希特勒的饭被端上来了，他的饮食看来很简单。保罗此时已经吃饱了，抬头看向希特勒的方向。只见希特勒的桌子上摆着一盘儿加上了很多的牛油的玉米黍，之后，又上了一大盘儿的薄煎饼，上面撒着葡萄干、白糖，还有一些黑乎乎的东西，保罗没有看清楚。希特勒静静地吃着饭，很快就吃完了。紧接着，副官又送来了一些报告。

当希特勒在阅读这些文件的时候，站在身边的副官递上来一个放大字体的镜子。宴会厅里静悄悄的，没有一个人出声，就连爱说话的海德西姆也安静了下来。忽然，希特勒说道，声音很大，似乎是要让宴会厅里的每一个人都听得清清楚楚：

"这个报告中所预计的是对的。从军事上来讲，我们国家占有着巨大的优势。"

对于希特勒的讲话，满座人都为之一惊，一片沉寂后，有一个记者站了起来，问道："我的元首，请问您如何估计英国现在的军备实力？前一段时间的战争，在各个报纸上已经报道了出来。我相信在座的人都相信报纸上所报道的战事一定是真实的。是否可以这样断定，目前英国的装备实力，以及部队的精锐力量，特别是在海军方面，一定是占有优势的？"这样的提问非常唐突，对一名国家的元首这样问话，似乎有些不礼貌。但是，这位记者的问话恰恰是在座的每一位记者要提的问题。

希特勒露出惊讶的表情，沉默了一会儿，看了这位记者很久，然后平静地答道："请各位不要忘记这一点，就英国的军事方面而言，我们有着实力超强的空军。整个情报机关现在很重视这方面的问题。这位记者先生的问题非常好，我们会将适当的注意力放在欧洲大陆上英国所派遣的军队的实力。"

顿了一会儿，希特勒清了一下嗓子，然后喝了一口水，说："对不起，我该吃药了。请大家稍等片刻。"

旁边的副官送过来几片药。希特勒吃过后，歇息片刻，又继续说："很对不起大家，我今天身体有些不适，天气实在太不好了，请大家自便。"随后，希特勒起身，走出宴会厅，现场顿时活跃了许多。

保罗走到阿道夫·比尔将军那儿坐下来，两个人热情地攀谈起来。

"保罗，我说一转身的功夫就不见你的踪影了，原来是独自采访阿道夫·比尔将军啊！哈哈……"

当两个人正在谈话的时候，让人感到无奈的海德西姆又过来了，保罗觉得天旋地转。心中暗想："这个麻烦的人啊，怎么就粘上我了？"

英国军队已经采取大规模出击，德国纳粹也正在积极地准备一个大规模的行动计划。通过对希特勒刚刚的讲话分析，大多数参加宴会的人都会这么认为。看似理所当然，但对于从事间谍工作的保罗来说，这一问题则是一个非常敏感的触点。想到这儿，保罗突然觉得海德西姆并不那么讨厌了，相反，似乎还有一点可爱。

"也许这位可爱的先生能够帮我个大忙。"保罗心里笃定。

"亲爱的海德西姆，为什么英国就是不停战呢？看看前几天他们挑起的战争死伤了多少人？"保罗很高兴地对海德西姆说着话。

"是啊，这战争也该停一停了，他们实在是太贪得无厌。战争使双方都死了这么多的人！"海德西姆有些愤怒地说。他简直太崇拜希特勒了。

"不过，刚才元首的讲话也是很振奋人心的。我们德国的军队不怕英国。不仅仅对于英国的军队加以防范，还要找机会主动进攻。德国有一流的情报组织，也有无所不能的间谍，他们能帮助我们打垮任何敌人。"海德西姆说到了动情处，显得激动万分。

"是的，德国军队非常强大。而且，德军所做的事情就是为了防止战争的扩张。"保罗迎合着海德西姆。

"不过，从前一段时期的报道看，战事似乎对我方不利，非常让人不安。"保罗面带难色，表现出对德国担忧的样子。保罗接着说："刚才元首所讲的话很振奋人心，但是德国的民众对未来的生存状况有太多的未知。"保罗摆出了自己记者的职业习惯。

记者身份为保罗的间谍工作带来不少方便。记者往往会寻根究底地问一些稍稍有些敏感的问题，但是一般并不会引起怀疑。

海德西姆也点头表示很同意保罗的疑问，并且补充着说："刚才，我们尊敬的元首在讲到一番有关我们德国军队的优势的时候，我偶尔会听到一些人坐在那里偷偷地说话。在我向这里走过来时，也会听到相关的一些谈话。人们似乎对这一点都持有怀疑态度。有人很明确地断定，元首召集记者来参加这次宴会，其主要目的就是通过我们的报道再次对民众的心理产生干预，缓解上次报道给民众造成的恐慌。"

海德西姆的这些话使保罗感到满意，为了鼓励他继续与自己"默契地配合"下去，保罗看着他，并坚定地点了点头，表示赞许。海德西姆看到保罗的肯定的表态，也很高兴，更加充满自信。

作为一个从业不长时间的记者，海德西姆第一次荣幸地参加这么大规模的宴会。在他来以前，头脑中设计了无数个宴会的场景，有豪华排场式的、有严肃庄重式的、有简约温馨式的。但是，无论如何都没有想到，有国家元首参加的招待会式的宴会，会如此简单而仓促。简单得希特勒只有寥寥的几句话，仓促得希特勒匆匆而来，又匆匆而走。草草地吃饭，而且一直都在办公。战争时期，一切紧急而重要的事务的处理，都变得如此有效率，带着军人的作风。年轻的海德西姆这一次真是开了眼界。

海德西姆是一个长得很帅气的小伙子。身材高大，虽然说不上强壮，但十分健康。深棕色的头发卷曲着，显得皮肤又白又洁净。额头很高，一对大大的眼睛深陷在眼眶中，深蓝色的目光看起来有一些神秘感。德国式的鹰钩鼻，稍稍有些厚的嘴唇，总是一张一合地发出愉快的声音，其忧郁的长相和活跃的谈话略不匹配。海德西姆总是很积极、很快乐的。喜欢用说话的方式来表达思想感情。这一点与保罗恰恰相反，保罗已经养成了一种会意的表达方式。所以，虽然他对海德西姆的言谈举止有点反感，但其却会对自己工作的开展产生积极的作用。当然，这种配合不是两个人的"默契"，而是保罗有意识地巧妙地调配。这就是保罗的聪明之处，他能合理地利用现实存在的客观条件，全方面深入分析，最终使其产生对自己有利的一面。

保罗一直对自己的工作能力非常自信，他相信能够恰到好处地与这位可爱的同事相处，但让人郁闷的是，年轻而帅气，又对职业有些亢奋的海德西姆，总是愿意"黏着"自己。事实上，对于保罗的反感，海德西姆心知肚明，但是，这位年轻的记者还是一如既往地跟随着保罗。对于他来说，保罗几近完美，是他心中最出色的记者，大概除了元首之外，保罗是令他无比崇拜的第二个人。虽然清楚自己有时的不合时宜，但他还是尽力争取与保罗在一起的机会，跟随他一同参加富有意义的重大的活动，为此，他感到无比骄傲。今天，他亲眼看到了崇拜的元首，又有保罗在身旁，海德西姆的兴奋劲无以言表。所以，也才会有接下来对阿道夫·比尔将军大胆的问话。

"有一点你们不必要怀疑，我们尊敬的元首在宴会上所讲的话，并不是为了安抚群众，它确实是军事实力的真实描述。我们的军备正在不断地改进，有着强大的军事科技力量。这些都会使我们德国在战争中获胜，这是毋庸置疑的。"

"那么，能否请阿道夫·比尔将军再详细地谈一谈呢？我们希望有新的令人振奋的消息。"海德西姆继续追问着。不知道是这位年轻的小伙子的朝气蓬勃，还是他所表露出的渴望德国的军队胜利的真挚情感，亦或是对元首表达出的无比忠诚，总之，阿道夫·比尔将军竟接受了保罗和海德西姆的专访。采访的时间定在宴会后，阿道夫·比尔将军会在自己的办公室等候他们两个人。

"我很抱歉，保罗、海德西姆，刚才你们已经看到了元首阅读了许多文件，我还要到他那里把这些文件处理一下。当然，对于你们的采访，我也需要准备一下。比如，我要好好地梳洗一下，打扮打扮，看看我现在这个邋遢的样子！"将军发出一阵爽朗的笑声。

阿道夫·比尔将军风趣的话语感染了周围的人们，大家都笑了起来。

"那我们也去准备一下吧。"保罗说，并暗自揣测，能到阿道夫·比尔将军的办公室采访，真是个好机会，也许能有幸得到希特勒刚才正在审阅的报告的内容，这些都是非常重要的军事文件。机会不容错过，绝对不可以错过。

"那是自然的，这可是我第一次采访这么大的人物呢？亲爱的保罗，你要好好地指导我。我现在该做些什么呢？"海德西姆有点兴奋。

你要好好地指导我。我现在该做些什么呢?"海德西姆有点兴奋。

"你只需就宴会上的话题和公众的疑问提一些问题就可以了。当然,也可提出一些自己的想法。阿道夫·比尔将军是一位很随和的人,他不会对我们产生不满意的情绪的。"保罗这样引导着海德西姆,他希望这样的引导能够起到一定的作用。

"好吧,我想您是对的。"海德西姆感到愉快极了,自从从事记者职业以来,还从未像现在这样高兴过呢!

宴会又延续了大约 1 个小时才结束。保罗和海德西姆如约来到阿道夫·比尔将军的办公室。由于宴会刚刚结束,阿道夫·比尔将军还没有回到办公室,而是交代了自己的一名副官在办公室里先接待二人。保罗和海德西姆坐在靠近办公桌的沙发上,副官给他们每个人倒了一杯水,然后就站到一旁。阿道夫·比尔将军的办公室并不大,但是"麻雀虽小,五脏俱全。"办公桌后面的一整面墙都是书柜。保罗对站在门口的副官说:"我可以看一下阿道夫·比尔将军书柜里的书吗?"

"当然可以,请吧。在你们来之前,将军就已经交代过了,你们可以随意一些,不必太过拘束。"副官很有礼貌地对保罗说。

"谢谢。"保罗站了起来,绕过阿道夫·比尔将军的大办公桌,走到了书柜前。看着书柜里的书,让保罗感到很意外,原以为书柜里都应该是一些军事方面的书籍,但是他错了。这座书柜就像是一个知识百科文库,包括各种各样的科技类、人文类的书籍,如天文、地理、生物、化学,还有风土人情,甚至衣食住行等,简直太丰富了。书柜外面的门镶嵌着玻璃,通过这些玻璃的反光,保罗可以观察办公室的全景,还有站在门口副官的一举一动。保罗假装在观看书柜里的书,细细地观察办公室的每一个角落。他沿着书柜的左边,一步步慢慢地向右边挪移,他不但观察着室内的布局，也在细心地检查着书柜的每一个角落。办公桌的右边就是一扇大大的窗户，明媚的阳光照在屋子里，和煦得让人无比惬意。如果没人说这是阿道夫·比尔将军的办公室，那么人们一定都会以为这里是某位学者的书房呢！

看来阿道夫·比尔将军并不仅仅是一个打仗的将军，他还是一位有着丰富知识和学问的人，可谓是文武全才，我得多加小心了，保罗开始提高警惕。突然，他看到在摆放化学类书籍的地方，书柜的横架有纵向的裂缝，而且只有两层书架有裂缝。保罗打开书柜的门，假装去拿书，然后仔细观察，凭着作为间谍的直觉，保罗可以断定，这里一定有机关。他看了几页书，然后就放回原位了。

沙发上的海德西姆正老老实实地坐着，好奇地东张西望，两只手紧紧地握在一起，放在膝盖上。也许是办公室的房间比较小，而且房间内的摆设有些局促，特别是大办公桌后面的书柜，好像占了大半个屋子的空间。这一切都让海德西姆有点紧张，一改宴会厅上的放松，他时不时地用看一眼站在门口的副官。副官注意到他的举动，有礼貌但又不失威严地说："请您稍等一会儿，将军马上就要到了。"海德西姆机械地点了点头，但两只手还是紧张地握着。也许是窗外温暖的阳光照耀在沙发上，海德西姆感觉面部在发烧，慢慢地又感觉自己的后背渗出了汗，手心也一样。

在书柜前逗留了一会儿，保罗回到沙发上坐了下来。这时，只见门开了，站在门口的副官向正走进门的阿道夫·比尔将军敬了个军礼，说道："您所约见的两位记者已经在这里恭候多时了。"

听到副官这样讲，保罗和海德西姆马上站了起来，看向门口。保罗很有礼貌地说："将军，我们也是刚刚到，您的时间十分宝贵，希望我

二战
浪漫曲

"我非常欢迎二位到我这办公室里坐一坐，只是这里略显得拥挤了些，实在有些不好意思。"阿道夫·比尔将军笑容可掬地摆出了迎客的姿态，然后走到了自己的办公桌后面。

当阿道夫·比尔将军走进来的时候，保罗就一直注意着这位将军。将军已经换了一身衣服，不是在宴会的时候穿着的那身便服了，而是一套军装。虽然仅仅是服装上的变化，但是给人的视觉效果却迥然不同。宴会上随和而幽默的阿道夫·比尔将军一下子变得威严了许多，令人莫名的肃然起敬。坐在保罗身边的海德西姆看到这一切变化，本就紧张的心情并没有得到缓解，反而因为将军形象气质上的反差而变得更加紧张了，额头已经渗出了汗珠。

"我这个办公室的空间实在是太狭小了，有些闷得让人喘不上来气，看来你们确实等候了很长时间。看看这位年轻的小伙子已经热得出汗了。"阿道夫·比尔将军注意到海德西姆那张被憋得通红的脸和不自在的紧张状态，为了让屋子里的气氛变得轻松一些，这样说道。

"葛雷里希，请你把小气窗打开吧，让在这里的先生们透一透气。然后，你就可以出去了，我要接受这两位先生的采访，如果不是有非常重要的事情，请您帮我安排在采访之后好吗？谢谢你。"阿道夫·比尔将军这样交代着自己的副官。副官把窗子打开之后，转身出去了。

阿道夫·比尔将军的办公室是在顶楼，而且位于一个角落，所以显得局促而狭小。就好像是在一个房间的角落位置不得不隔出这么一个房间一样。

"越是很重要，就越是不会引人注目。看来我的判断是不会错的，他这里一定有一些我所需要的东西。"保罗心里这样想着。

除了衣着的变化，保罗还注意到阿道夫·比尔将军手里拿着的一个很大的文件夹。很显然,文件夹里夹着不少文件。当副官出去的时候,将军就坐了下来,然后把文件放在了桌子的一个抽屉中,并顺手锁上了。保罗注意到,在阿道夫·比尔将军的身上所挂的钥匙串上只有两把钥匙。其中一把是这个抽屉的钥匙,那么另一把就一定是办公室的门钥匙了。保罗这样判断着。

"看来这位将军的处事方式与其他人是不同的。一般来讲,钥匙都是随身携带着的,而且越是藏有重要的东西的钥匙,就越是带在身上形影不离。有的人甚至连睡觉时,都带着它,怕被人窃走,而这位将军则是选择把钥匙放在一个地方来保管,可见这里一定守备比较严。"保罗思索着,如何才能看到阿道夫·比尔将军刚刚拿进来的文件呢?而且保罗可以断定,将军的副官一定不会走远,有可能就在隔壁,或者就在门口外面"站岗"呢。看来随和、自然的阿道夫·比尔将军,其实办事的作风是非常严谨的,这也许正是希特勒看重这位将军的原因吧?看似"潇潇洒洒",其实"大智若愚",这才是真正有智慧的人。保罗不禁有些佩服这位将军了,而另一方面,他也不由得也对这位将军提高了警惕。

心生佩服和尊重,行为上就会自然而然地表现出来。保罗每一个细节上的变化也被阿道夫·比尔将军看在眼里。虽然已经认识多年,但是这种近距离的观察还是第一次。阿道夫·比尔将军很欣赏保罗的才华,否则保罗也不会那么容易地就进入到这个办公室里进行采访。

"我们现在可以开始了吗?我已经准备好了。"阿道夫·比尔将军首先打破了办公室内紧张的空气。

"是的,将军。"保罗说。

"阿道夫·比尔将军,因为我军与英军正处在战斗的紧张状态,我国的民众也都非常关心战争的发展趋势,特别是前一段时间我军和英军的战斗，德军似乎处于劣势。所以，我们今天的采访话题，主要就是要讨论一下关于德国与英国的关系。您看不会让您为难?"保罗首先进行了开场白。

"请吧。"阿道夫·比尔将军点了点头，表示同意。

一进入采访状态，海德西姆就变得兴致勃勃："早在德国和英国的海军第一次交战时，双方的海军实力相差得非常悬殊。德国海军能够使用的方法只能是渡过英吉利海峡。但是，英国海军在漫长的海岸线上都已经采取了严密的防御措施。就当时看来，英吉利海峡可谓是英国人防御最坚固的地方。此外，他们主要的舰队基地也都在那里。那么，我们德国是如何取得战争的胜利的呢?"

"这个，在那时看来，还是很不可思议的。但是，现在当我们回头审视，其实还是一目了然的。正因为德国和英国的海军实力相差太悬殊，所以德国的参谋建议，要想把德军中最强大的陆军安全地送到大不列颠，唯一的一个方法就是让这批陆军平安地渡过英吉利海峡那个最紧凑的海面。当然，凭着我们德国海军的力量，无论如何都无法办到这一点。当时的德国海军上将雷德尔也想到了这点。他为德国陆军能够顺利地通过英吉利海峡设定了许多先决条件。首先要做的就是对法国、比利时、荷兰等国家的海岸和港口进行全面掌控。但是，这个设定不幸'夭折'了。然而，出现了一个令人出乎意料的先决条件，那就是，在人们心中最强大的、常胜的法国陆军被轻而易举地击败了。"

阿道夫·比尔将军停了一小会儿，露出了无比骄傲的表情。他喝了一口水，接着说："当时德国海军的计划是从灰鼻角加剧炮击多佛尔的火力，再让火力很猛的炮兵在多佛尔海峡的法国的一侧达到掩护的目的。这样做是为了在英吉利海峡最靠近边界的一条线上开凿出一个狭长的通道。在通道的两边，用充满地雷的区域围起来，并在外围地带安排潜艇，进行全力掩护。如果德国的陆军想要在此地进行渡海，那么，就可以依托这条通道达成目标。当然，还少不了大部队的分批增援，当时的情况就是这些。"

德国军队有着自己的保密规则。希特勒对于军事方面规定中的重点一项，就是与军事作战有关的任何事情，都只能同与此军事事务有关系的人员获悉或者进行讨论。无关的人一概无权知晓。这种保密做法的副作用就是由于各自保守秘密而妨碍了相互之间的合作，同时也会很容易出现重复劳动的现象，降低了工作效率。军事工作，特别是战斗的部署都是分秒必争的，所以，其后果就是出现战局指挥方面的滞后性，也许这也应该是德国军队累累败阵的原因之一。

作为希特勒身边的得力将军，阿道夫·比尔应该是一个谨小慎微的人，并不像他所展现在人们面前的随性的一面。保罗细心地观察着这位将军的一举一动，掌握着他的一些可以暴露心理状态的每一个小动作。他发现，当这位将军表示不满意的时候，就会让自己完全地靠在椅子后背上，然后两只胳膊交叉在胸前，就好像在保护自己不受侵犯。当表示感到无比骄傲的时候，就会把两只手放在脑后，让自己的身体完全伸展。

"但是，上一次德国军队与英国的战斗，很明显地体现出英国人的勇猛。他们无情地同我们的军队战斗。尽管元首刚才的一席话很鼓舞人们的士气，但是很多人都在疑惑，是否我们的军队还是有必要与英国军队继续作战下去，或者可以考虑改变盖世太保对英国的一些政策呢？"海德西姆专心致志，所提的问题步步紧逼。这让保罗很满意，而阿道夫·比尔将军的脸色已经出现了变化。他下意识地摆出了不受侵犯的姿态。这些看在保罗的眼里，他有意地用自己的胳膊肘碰了碰海德西姆。

"元首希特勒对于德国军队的陆军力量是非常有信心的，强大到足以征服英国。心胸狭隘的英国人是绝对没有洞察德国军事力量的能量的，更不会有预测危险性的远见。德国依靠自己的资源，就能够战胜他。更何况我们现在正在制造 U 式潜艇。"阿道夫·比尔将军语气平静地回答着海德西姆的问题，对于他来讲，这只不过是一个毛躁的小伙子。

"U 式潜艇，那么请问阿道夫·比尔将军，它的作用是什么呢？"海德西姆并没有感觉到阿道夫·比尔将军的不满，还在继续追问着，这位职业记者已经完全进入到了自己的工作状态。

"U 式潜艇的目的，就是要让德国的海底战备更加强大。强大到能够迫使英国人不再敢于贸然地与德国军队抗衡。这个话题我只能讲到这里。"保罗的猜测果然没有错，阿道夫·比尔将军将这个略有些敏感的话题止住了。海德西姆也开始意识到了这一点，脸上又有些发烧了。

"海德西姆，你发烧了吧？刚刚进到这里来的时候，我就看到你的脸色已经出现了潮红，现在好像更严重了。快用我的手帕擦一擦你额头上的汗水。"保罗说着，从上衣的里怀里掏出了一方白色的手帕，帮助海德西姆擦额头。

"将军，请您看一看这个报道。"对于自己的工作，海德西姆是非常敬业的。他开始感觉到自己有些头晕了，但还是坚持着。他迷迷糊糊地用手在自己的包里翻找着，但是，不知为什么，无论如何也找不到他所需要的东西。嘴里还不断地嘟囔着，"我记得明明是把它放在包里了，怎么就不见了呢？哪去了呢？"

豆大的汗珠已经开始从海德西姆的额头上流淌了下来，不知是因为找不到东西着急而引起的，还是因为发烧越来越严重引起。他感到浑身都在发热，而且自己的头也越来越晕了。接着，眼睛也开始变花，眼前的事物变得模糊起来。包里面的东西被他翻找得一塌糊涂，可就是找不出东西来。

看到海德西姆这个样子，保罗边拿过他的包，边说："海德西姆，看来你的症状有些严重了。你要找什么东西吗？我来帮你看看吧。"

"就是我们两个前几天看的那篇文章。我忘了标题是什么名字了，但是好像是关于'火炬行动'的一篇报道。我确实有些不太舒服，不过不要紧。请你帮助我找一找，我很清楚地记得在来之前，我就把它放在这个包里了。"海德西姆絮絮叨叨地说着。保罗在一旁翻看他的包。

"是这个吧，你已经把他裁剪下来了。"保罗从海德西姆的包里面拿出了一份被裁剪下来的报道。

"是的，我要把它交给阿道夫·比尔将军看看，请他谈一谈看到这些的体会。"海德西姆小声地说着。他那有气无力的样子，显得太虚弱了。

其实，这份报道就放在海德西姆的手提包的一个夹层里面，而且还露出了一个边。一打开包就能够看到，是很容易找到的。海德西姆的包已经被自己翻得乱七八糟的了，但是，唯有这夹层里放的这一张纸，还安安稳稳地在那里。保罗心里知道，海德西姆的这种状态一定是自己的手帕在起作用。

拿出这份报道后，保罗就把海德西姆的包交到了他的手里，然后，把这份折叠的报道小心翼翼地展开，双手捧着交到了阿道夫·比尔将军的手中。

"海德西姆，你的身体不要紧吧？要不，我这里有军医，可以帮你看一看。"阿道夫·比尔将军一边接过这份报道，一边对海德西姆异样的脸色表示着关心。

"没关系的，将军，请你不要担心。我可能是在宴会上多吃了一些，我对一些食物有点过敏，也许过一会儿就好了。实在不好意思，第一次采访您，就在您的面前这样出丑。"他不好意思地挤出一丝笑意。

尽管海德西姆感到头晕脑胀，但是他不希望让这一次的采访半途而废。所以，海德西姆找到了这样一个借口，尽管有些牵强，又不雅观，但只要能混得过去就行。

"不管怎样，我都要使这次采访进行到底。"就算身体很不适，但是海德西姆的思维还是比较清晰的。

坐在旁边的保罗心里却在偷偷地笑，想："都这样了，话还是这么多，而且还这么幽默，哎！海德西姆简直是太可爱了。"

接过保罗手中的文章，阿道夫·比尔将军有些担心地看了看海德西姆，然后仔细地阅读了起来。

此时的办公室里安静极了，只有窗外的阳光，透射进屋内，不时有徐徐而温暖的风透过气窗吹进来。流动的空气让海德西姆舒服了许多。他的身体已经完全地依偎在沙发里，身体紧紧地贴在保罗的身上，后脑勺靠在沙发的背上。海德西姆的这样慵懒的姿态，与现在办公室里的气氛，照射在屋子里明朗而灿烂的阳光，以及吹进的和煦的风融为一体，显得祥和而安宁。保罗坐在那里，一边关注着这个随时需要自己照顾的"大男孩儿"，一边观察着办公室里的一切。保罗的大脑在飞快地转动着，思考着下一步该怎么做……

正在阅读文章的阿道夫·比尔将军突然皱了皱眉头。显然，这位将军对这篇报道的内容已经表现出了很不满意的态度。他看到了这里所记录的英美军队展开了"火炬行动"的内容。

读完了这篇报道，阿道夫·比尔将军的脸色已经变得很难看了。他做了一个深呼吸，轻轻地把这篇报道放在了桌子上，低着头沉默了。过了好一会儿，阿道夫·比尔抬起头来，看向了保罗，面部没有任何表情，但是目光炯炯有神。他很镇定地说："我最近一直都在忙于工作，这篇报道我也是刚看到。但是，对于这次战役，我还是了解一些的。可以这样讲，一方面，就战役本身而言，这里有我们德国军队的判断失误；而另一方面，这里也有报道不实之处，确切地说，这篇文章是被断章取义了，其中有一部分事实没有被记录下来。"

说到这里，阿道夫·比尔将军抬起头来，看着保罗和海德西姆。此时的海德西姆已经昏昏欲睡了，但是，听了阿道夫·比尔将军的这番话，还是点了点头。保罗用手向阿道夫·比尔将军示意了一下，说："请吧。"

这位将军继续说："其中的一段应该是这样的，德国军队已经在亚速尔群岛南面和东面部署了大约 40 艘德国和意大利的潜艇进行拦截。在那里，德国的部队虽然没有拦截到从英国出发的舰队，但却拦截了一支由塞拉利昂启程，前往英国本土的一只运输船队，这也让英国军队蒙受了极其严重的损失。而且，身在那里的维希法国的部队毫无反击能力。"

"不是没有能力抵抗，而是没有……"海德西姆的话还没有说完，就把头栽到了保罗的肩膀上，不省人事了。这下，保罗可慌了手脚，特别是阿道夫·比尔将军，他一个箭步就从大办公桌的寿面窜到了海德西姆的面前，问保罗："保罗，这是怎么回事情，他怎么突然晕倒了呢?"

"哦，将军，您先别慌，海德西姆是有些发烧，可能是高烧引起的。"保罗说着，一面把手放在海德西姆的额头上，试探着他的温度。

"是的，我刚进到办公室时，就发现他有些不对劲。我以为是屋子闷热的原因。副官，快进来。"听了保罗的话，将军赶紧喊进来副官。保罗的判断是正确的，将军的副官果然站在门外站岗，没有走远。

"快，葛雷里希，快把军医找来看看这位先生，他发高烧了，已经晕过去了。"阿道夫·比尔将军命令着。副官应了一声,赶紧出去了。

"保罗,很抱歉,我不得不去一下洗手间。请您先自己照顾一会儿可怜的海德西姆,我的军医马上就到了。"说着,阿道夫·比尔把海德西姆给他看的那份报道放到了抽屉里,然后就急急忙忙地出去了。

当听到阿道夫·比尔将军的脚步声走远了之后,保罗就赶快先拿出一块胶布,把门暗锁的舌头粘住,使门不会被锁上。随后,就马上拿出自己的微型照相机,走到阿道夫·比尔将军的桌子后面。原来,阿道夫·比尔将军放海德西姆的那份报道的抽屉并没有锁上,而从会议上拿进来的文件就锁在下面的抽屉里。

保罗把放报道的抽屉拿出来,看到那个文件夹正好放在那里。他抬头看了看海德西姆,又看向门的方向。然后,就先把抽屉里面放的钥匙和文件夹一并拿了出来。打开文件夹一看,里面的文件着实让这位经验丰富的间谍下了一大跳。这可谓是非常重要的军事机密了。包括一些德国自行研制的新型的军用机械方面的设计图纸,还有一些是还没有最后定格的草图,德国军队的武器装备的最新进展情况的详细说明。保罗一张接着一张地往下翻,用相机仔细地拍下每一个细节。令保罗惊喜万分的是,在这些图纸中,竟然还有一些是巨型火箭的设计图纸。这可真是意外的收获了。突然,保罗的眼睛睁得大大的,《奥斯陆报告》呈现在他的眼前。《奥斯陆报告》是希特勒对付英国的一项"秘密武器"。报告中介绍了德国人即将采用的"闪电战"和 U- 潜艇的重要秘密。

"天哪!我还以为这份报告会藏在一个更隐秘的保险柜里面,原来是在这儿。"对于保罗来说,这真是上天在帮助他,简直是太幸运了。保罗的这一次采访得到了许多珍贵的资料,收获太大了。

把文件夹里所有的资料拍摄完之后,保罗又小心翼翼地按照文件原来的排列顺序整理好，然后放回到了抽屉原来的位置，又把阿道夫·比尔将军的那一串钥匙放回到抽屉中原来的角落中。这时，保罗听到了走廊中传来的脚步声。脚步声很急，而且越来越近。保罗的动作加快了，他赶快又检查了一下装有文件夹的抽屉里是否有不妥的地方，然后，就把放置海德西姆的那份报告的抽屉推进到桌子里面。脚步声已经越来越清晰了，保罗能听得出来，走过来人绝对不是一个人，而且还夹杂这几个人说话的声音。通过这些，保罗可以判断，一定是阿道夫·比尔将军的副官请来了军医，来医治海德西姆不良的身体状况的。保罗又检查了一下办公桌，然后迅速地回到了沙发上坐下，把相机放入海德西姆的包里，再把包放在海德西姆的身体后面。

一切安排妥当，保罗就用力地摇晃着海德西姆的身体，大声地喊着："海德西姆，我的兄弟，快醒一醒，我是保罗，求求你了，快醒一醒。你这是怎么了！"保罗声嘶力竭地呼喊着。这时，只见海德西姆自己动了一动，然后就发出了一点微弱的声音："亲爱的保罗，我是怎么了，怎么感觉头晕晕乎乎的呢？我是在做梦吗？"

听到海德西姆说话了，保罗的一颗心终于不那么紧张了。他扶住保罗，让他的姿态端正一些，感觉能够舒服一些，然后不断用力地拍着海德西姆的脸，让他尽快地恢复意识。这时，门开了，两个气宇轩昂的人走了进来。保罗停止了拍打，转过身来看见推门进来的两个人，其中一个人就是阿道夫·比尔将军的副官，另一个人手里面拎着医药箱，显然是军医。保罗急忙用手拉着军医的胳膊，急切而又激动地说："医生，快看一看我的这位同事吧，他刚才突然就晕倒了，弄不清是怎么回事，太可怕了。刚刚还动了一动，但是还是有些神志不清，脸还在发烧呢？快看看他是不是病得很严重。"

二战浪漫曲

"请您稍安勿躁，让我看看。"医生似乎已经司空见惯了病人身边的人着急、慌张和语无伦次的样子，并没有因为保罗的近乎歇斯底里的状态而受到一丝干扰。看到坐在沙发上的海德西姆，军医紧走几步，到了这位病人面前。用手试探了一下海德西姆的额头，然后又仔细地观察了海德西姆的面部。军医在检查之后表示海德西姆并无大碍。

阿道夫·比尔将军和他的副官听了之后安心不少。同时迅速地把脸转向保罗。"天哪，这个该死的海德西姆，都病成这个样子了还是让人犯愁。"保罗摇了摇头，又用手拍了拍自己的额头，说："海德西姆，你现在好多了吧？那我们就赶快回去吧。我们已经打扰阿道夫·比尔将军太长时间了。"保罗担心，如果再在这个办公室里耽搁一会儿，不知道这位海德西姆先生能说出什么样的"豪言壮语"来。这位口无遮拦的小伙子太能给自己惹麻烦了。

"葛雷里希，你送一送这两位记者先生。他们是我最好的朋友。"阿道夫·比尔将军吩咐着自己的副官。

"好的，将军。"副官答应了一声。

"哦，将军，不必了。海德西姆已经好多了，我可以先把他送回家。请您放心好了。我们不会有事情的。没想到这一次对您的采访占用了您这么多的宝贵时间，还麻烦您请医生。太不好意思了。将军，请您留步吧。"保罗搀扶着海德西姆，一边向外走，一边说。

"好的，那么，就让葛雷里希送你们到外面的大门口吧，这样可以避免许多不必要的麻烦。"阿道夫·比尔将军是个非常热情好客的人，尽管保罗一再拒绝，可还是坚持把保罗和海德西姆送到了大门口。

走到外面，呼吸到清新的空气，海德西姆顿时精神了许多。保罗扶着他，背着他的包，向公寓的方向走去。

那么，海德西姆在参加宴会的时候，身体还好好的，怎么进到阿道夫·比尔将军的办公室，坐了一小会儿，就开始发烧，又昏昏沉沉地晕了过去了呢？

　　其实，这是保罗暗中做的手脚。海德西姆是一个年轻人，没有经历过太大的场面，更没有见过、采访过大人物。这一次参加希特勒亲自主持的宴会，还是海德西姆费了许多的周折才争取到的机会。当在宴会上见到自己所崇拜的希特勒的时候，他已经非常的兴奋了。而令他感到意外的，他还能够采访阿道夫·比尔将军，这就更让他兴奋不已。再加上在阿道夫·比尔将军的办公室里时的紧张心情，使得海德西姆的心理承受能力达到了极限。所以导致热血向上涌，心潮澎湃。作为海德西姆的同事，保罗太了解这个大男孩儿了。见到海德西姆的状态正是他所预期的效果，就拿出了自己经常随身带着的撒有催眠药物的手帕。结果可想而知。这完全是催眠药物的作用，当然其中也有一些偶然的因素，使可怜的海德西姆很成功地"配合"了保罗的行动计划，可以说，整个过程十分顺利，正中保罗的心思。

　　把海德西姆送回到他的公寓后，趁他到洗手间洗漱的时候，保罗就从海德西姆的包里拿出了自己的微型照相机，放在了自己的衣服兜里。看到可怜的海德西姆已经恢复了原来的状态，保罗很放心地走了。

　　对于自己在海德西姆身上的所作所为，保罗心里感到有些内疚，但是，值得高兴的是，这次行动非常成功，不仅获得了所需要的情报，还将海德西姆毫无损伤地送回了家。

　　"没有办法，谁让这位冒失的小伙子闯进了别人已经计划好的圈套之中呢？"保罗想着海德西姆差一点为自己闯下祸端。是的，如果不是保罗的头脑聪明，知道充分地利用现有的条件，采取一些应急的措施，还不

二战浪漫曲

知道这位海德西姆先生会给保罗带来多大的麻烦呢？

"到那时，恐怕就要以牺牲海德西姆为代价了，好险啊！"保罗这样想着。回到自己的公寓，保罗从照相机里取出胶卷，然后制作成影印件。这些影印件就是英国情报处收到的那个包裹中的文件。

作为记者的保罗，传送一些情报还是有着得天独厚的条件的。记者的身份使他可以出入比较敏感的区域。另外，采访时还能接触一些重要人物。保罗在采访人物的选择和地域的选择上，首先要考虑它们是否具有情报价值，再做好十足的准备。但是，这一次的情报处于特殊的背景之下。此时的德国军队与盟军正处于紧张的对峙状态。保罗是借着顶替别人的名额到英国采访的机会，把这些文件带到英国的。到达英国后，才发现与接头的人已经断了联系。他焦急万分，不住地在街道上徘徊，看看能不能想一个万全之策，再与接头人联系上。但是，均以失败告终。

天气非常阴冷，而且星星点点的雪花从天空中飘洒下来。没过多久窗外的雪越下越大，雪片铺天盖地，地面早已变成了白色。保罗一直都站在窗前沉思着，"该如何才能把这么重要的情报安全地送到英国情报部门呢？如果能亲自去一趟伦敦就好了。可是，就连到英国的采访机会都是好不容易争取来的。如今，采访任务马上就要结束，该回国了，可怎么办呢？难道注定要无功而返吗？"站在窗前的保罗一筹莫展。

这时，不知从哪里冒出来几个孩童。也许人们对于一年之中下的第一场雪，总是有着特殊的情结，孩子们看起来兴奋不已，仿佛对这些洁白晶莹的雪花期待很久了。他看着欢笑嬉戏的孩童们，脸上露出很难见到的笑容。他打开窗，一缕清凉而清新的空气扑面而来，飘进房内。保罗的心情也随之畅快了许多。

"我们玩儿打雪仗吧！今天的雪下得可真厚啊！"一个脖子上围着红

围巾的小男孩儿建议着。"可是，现在的雪下得还不够厚实，如果打雪仗的话，需要很多雪才能玩得很有趣呢。"另一个个子稍微高一些的小男孩说。

"我这里有个小皮球，可以玩踢球的游戏。在两边分别堆个小雪堆。踢进对方的雪堆里面就算赢。"一个又瘦又小的小男孩从自己的小背包里面拿出了一个颜色很鲜艳，很漂亮的小皮球，大概有垒球那样大小。大家表示同意。"那我们分成两组吧。现在是 8 个人，每组 4 个，不需要设把门的球门员。"小孩们你一句我一句地讨论着。欢快雀跃的样子感染着保罗。"童年时代是多么幸福啊！那么无忧无虑！"看着他们开心地玩着，保罗自言自语道。忽然他看到，那只小皮球钻进了雪堆里，消失得无影无踪。灵机一动之下，保罗终于想到，可以用自然降雪来掩盖情报包裹，虽然有些冒险，但是只要不出意外，目前来讲，这也算是一个最好的办法了。保罗详细地制定了行动计划，并且付诸实施。情报被安全地送到了英国情报部门。保罗顺利地完成了这次使命，真是有惊无险啊！

作为一名记者，保罗可以相对自由地在纳粹德国履行自己的职责，为世界和平贡献出力量。就算保罗对重要任务询问一些相对敏感的问题，也几乎不会引起对方太多的怀疑，因为这是他的工作，这是他的责任。保罗是亲手打开"潘多拉宝盒"的人。他就像传说中的鹰首飞狮一样，紧紧地贴着纳粹德国的种种机密做着超低空飞行，穿过盖世太保的层层设防，直击最有价值的情报。

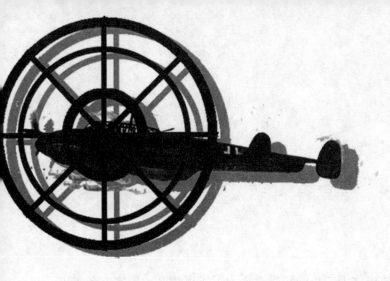

胡安·普吉·加西亚

诺曼底登陆战被称为二战的转折点。为了迷惑德军，盟军准备了庞大而周密的情报欺骗计划——"卫士"计划。加西亚让希特勒深信，真正的登陆地点是加莱，而诺曼底登陆是假装进行攻击。直到登陆战打响几个月，希特勒仍坚持不调离加莱守军支援诺曼底，因此保证欧洲第二战场顺利开辟。

执迷不悟的希特勒还授予象征德国最高荣誉的勋章，差不多同时，英国也授予了他象征英国最高荣誉的勋章。他可以说是在"二战"中同时获得两个敌对国家最高荣誉的间谍。

胡安·普吉·加西亚

西班牙双料间谍胡安·普吉·加西亚堪称是二战过程当中曾经出现过的最为神秘而成功的谍中谍。他在第二次世界大战中彻底愚弄了纳粹德国最高统帅部和元首希特勒，为盟军的胜利做出了重要的贡献，也使自己的名字成为了世界间谍史上一个最为特殊的传奇。

诺曼底登陆战被称为二战的转折点，是它真正迫使德国从欧洲本土上陷入了被动的局面，既解决了英国当时受到的威胁，也为在东线奋战的苏军盟友起了围魏救赵的作用，更是直接为光复遭到纳粹占领的法国国吹响了号角。为了能够达到迷惑德军使这次登陆战得以顺利实施并取得成功，盟军在战前准备了庞大而周密的情报欺骗计划——"卫士"计划。在这个计划当中，加西亚扮演了十分重要的一个角色，和当时许多奉命为德国方面制造眼目转移视线的特工一样，他利用自己在德国情报组织当中获得的特殊信任和依赖传递了大量虚假情报，其身份的特殊性让希特勒毫不犹豫地深信，盟军真正准备登陆的地点是法国的另一处战略要冲加莱，而诺曼底登陆只是假装进行攻击。这使得德国将重兵投入到了这处错误的防线上，而因此忽视了诺曼底的防御。直到登陆战打响几个月，希特勒仍坚持不调离加莱守军支援诺曼底，在盟军的强大攻势之下，诺曼底德军尽管拼死抵抗，但是因为防御力量上的不足，最终被盟军一举攻陷，成为了西线战场突进德国的最重要突破点。

直到诺曼底登陆成功并建立了前进基地，加西亚才又"紧急"对德军告知盟军进攻点可能转变到了这边，由此，诺曼底遭到击破的事实反而变成了凸显加西亚情报价值的帮手，执迷不悟的希特勒还因此而特别授予了他象征德国最高荣誉的勋章，而差不多同时，英国也授予了他象征英国最高荣誉的勋章。他可以说是在"二战"过程中同时获得两个敌对国家最高荣誉的超级双面间谍。

加西亚于1912年出生在西班牙巴塞罗那，1988年死于委内瑞拉。在他少年时代，国内局势已经随一战的爆发而动荡不安，到了他24岁时，国内更是发生了法西斯军官的独裁叛乱，看着政变者弗朗哥的叛军肆虐城市，年轻的加西亚对叛乱者建立的法西斯独裁政权深恶痛绝，尤其令他感到痛恨的就是在背后支持着叛军作乱的纳粹德国。"二战"爆发后他无法通过投效本国军队来打击纳粹法西斯的侵略行为，便设法来到英国并向这儿的情报部门表示希望能够成为他们当中的一份子，加入到打击法西斯的战斗当中，然而遗憾的是，英国当时没有收留他。

不过令人意想不到的是，加西亚并没有气馁，原本想加入英国情报机构为盟军服务的他，在阴差阳错之下居然顺利地混进了德国间谍组织，他开始以一种别样的方式来支持盟军的作战行动。经过几番辗转，他以双面间谍的身份联系上了英国方面，并最终如愿以偿地加入英国情报结构，得以为反法西斯阵营提供帮助，在纳粹的心脏当中，利用自己的机智和勇敢上演了一出又一出的好戏。

尽管同样是欧洲国家当中的一员，在西班牙，巴塞罗那和里斯本的冬季是没有雪的，可是英国的伦敦却截然不同，这里的冬季有雪，偶尔还会是纷纷扬扬的鹅毛大雪，加西亚从没见过这么赏心悦目的皑皑白雪，就像翩翩起舞的玉蝴蝶，又像家乡夏天漫天飞舞的蒲公英，这些飞舞的精灵啊，真想捉住一个放在手心里，飘飘悠悠，轻轻盈盈，落在手中，凉莹莹的抚慰，细看时却已化作一汪清水了。

圣诞的钟声，挂满小礼物的青松，打着雪仗的孩子，快乐的笑声传出很远。似舞如醉，似飘如飞的雪花，晶莹洁白洒向人间，净化着人们的心灵，一切都变得无比温馨，变得纯洁无暇。这时加西亚忘记了自己做客在异地他乡，反而有了一种回家的温馨。他好像能感觉到天上真有小鹿拉着爬犁，载着圣诞老人，在新年的早上，自己床头的袜子里会有一份特别的礼物。

他喜欢伦敦的冬季，他喜欢伦敦的圣诞节，伦敦的冬季给了他家的温暖，伦敦的圣诞节给了他最想要的礼物，他终于有了自己的组织！一切就像一场梦，如果只是个梦，但愿不要醒来。

来到伦敦过完圣诞节，已经是新的一年，时间已是 1942 年。加西亚有了新的起点，他的人生就要走向最精彩的瞬间。他在英国情报机关呆得很好，老绅士是他们机关的最高领导人，却一直亲自接待他，也很看重他，并把加西亚交给最得力的属下米尔斯，他们相处得也不错。

米尔斯是名副其实的青年才俊，他唯一的"缺点"可能就是长了一张令少女迷恋的俊脸，无法达到混在人堆里就找不到的目的。所以他必须出马的时候也要经过连番地巧施妙手，用易容术最大限度地破坏这张脸才能执行任务。但是如果误会他是个外表好看，内里草包的绣花枕头，那可就大错特错了。永远不要小看自己的对手，因为所有小看他的人都吃了大亏，加西亚尽管相貌平平，但是跟米尔斯比却没有这些麻烦，他也不会嫉妒一个比自己漂亮的人指挥自己。

加西亚很尊敬他们的领导，不止是因为他接纳了自己，还有他无微不至的关怀，他也像机关里的人那样，恭敬地称呼他先生，而不是官职。先生给自己找的直接上级米尔斯也是很好相处的人。他年轻有锐气，但是思虑周详，老成持重，自己学到了很多东西，这些东西都是可以让他在这行里长久待下去的必备素质。

在伦敦的时候，加西亚充分利用了以前库伦塔尔为他准备的情报传递渠道，外交邮袋和密写剂，后来发展成了显微点。如果德国人对他之前的活动有什么疑虑的话，经过这么多的传递之后，也该打消了。

库伦塔尔每当收到比电报发回的详细得多的情报都会非常开心，忽略了外交传递或者委托第三方传递速度要慢许多的事实，他只要情报正确。有了英国情报机关做后盾，假情报都会变成真情报。

在里斯本半年，虽然没有暴露自己的谎言，但是加西亚一直不敢用邮递的方式传递情报，害怕邮政部门的戳记暴露自己，但是电报电文又不能直接陈述情报，他是要转发给伦敦电报局的，所以情报内容尽量精简，只剩梗概，还要用模板把空白填充上文字，使语句通顺，库伦塔尔虽然没说什么，但感觉这样做就像鸡肋，似乎没什么用。

电报局查得紧，不如用外交邮袋传递快捷方便。加上源源不断的真假情报，马德里库伦塔尔那边一直没再派间谍来英国协助他或者另起炉灶，完全依赖加西亚的情报。

加西亚让铺天盖地的情报涌入马德里分部，库伦塔尔因此也受到柏林的表彰，第一个情报组失陷的阴影也已经过去了，他又重新被上司赏识，他的第一得力干将阿拉贝尔功不可没。大笔的经费是他的回报，只要阿拉贝尔提出，几乎没有驳回的。

随着大笔奖金从马德里秘密账户打来，加西亚面对这么多钱好像触动了某根神经。他从德国人那里骗了不少经费，账面上看一丝不苟，库伦塔尔因为他在伦敦也没想过付给他假钞，而他的情报回馈已经让库伦塔尔心甘情愿地掏钱了。那么大笔的钱财应该怎么处置？

全部划入自己的口袋，他没那么贪心，这辈子都花不完，而他能不能有用到的时候还两说呢。他想到跟自己的新上司米尔斯沟通一下。

"嗨，加西亚，今天怎么有空主动来找我喝茶呀？"米尔斯打趣道。因为加西亚还没有完全融入英国人的作息时间，加西亚一天三餐极有规律，在中餐和晚餐中间加上这么一顿很不适应，开始米尔斯邀请他喝茶，他还以为是纯喝茶，没想到还有一大盆点心要解决，再有人请喝茶，他都婉言谢绝了。

加西亚现在有了新代号，但是，那是在文件上，比如他在外，组织上给他下命令，不会说"加西亚如何如何做"，而是"'嘉宝'要如何如何"；或者向上级报告时，不会写"加西亚为我们做了哪些事"，而是"'嘉宝'立了什么功劳"；又或者，跟不认识的同事接头，不会自我介绍"我是加西亚，隶属某某机关"，而是"我是'嘉宝'隶属某某机关"。所以，在他的直接上级米尔斯那里还是称呼他加西亚而不称呼代号，这显得很亲近。

"呵呵，我来找你就是想请你喝茶，不知道老兄肯不肯赏光啊？"加西亚笑道。

米尔斯只是开玩笑，听见加西亚这么说反倒好奇了，"事有反常必有因，你平时不爱喝下午茶，今天居然主动来请我喝茶，是不是闯什么祸了？"

加西亚笑道："怎么，小弟在你眼里是个随时闯祸的麻烦精不成？实话告诉你，我这茶钱可是不少呢，你最好对我客气点。"

"哦，你一向对钱财不很在意，会有什么外快，从实招来。"米尔斯以为他捡钱了。

"呵呵，你忘了我还有一个身份呢，我可是堂堂德国情报机构的正式人员，在那边是领薪水的，他们发奖金了，我想把钱当做咱们的活动经费。"加西亚决定揭开谜底。

米尔斯松了口气，说道："我当什么事呢，他们钱多烧手，给你，你就拿着，我倒是想给你，你不是不要吗？怎么能反过来要你钱，咱们俩谁是谁的领导啊？"话是这么说，但是米尔斯还是很感动的，身在最危险的行业，却不贪财，还要倒贴，这说明什么，说明他根本不以钱财为念，而是一心扑在事业上，这才是最可以托付大事的人。

加西亚看米尔斯并不在意，很是意外，难不成那些钱还是骗少了？于是期期艾艾地问："我从德国人那儿陆陆续续骗了120多万英镑，除了在里斯本买个公寓花去一小部分，大部分还都留着存在银行里呢，今天马德里通过秘密账户给我汇钱，我才发现这笔钱一直闲着，不如拿来我们装备一下自身？"

现在米尔斯大脑处在停顿状态，不是10万，不是20万，是120万，难道德国情报机构的福利待遇这么好吗？他震惊在这个消息里神游物外的时候，加西亚叹息道："看来我还真是要少了，不然米尔斯不会这么吃惊，我吃大亏了。"

米尔斯心里在哀号：这个家伙占了大便宜了，他还叫屈，真没天理了。好不容易消化了这条爆炸性消息，他才笑着问道："你都干了什么了？他们那么下血本，这都够我们给三四十人发半年的工资了。"

"啊，是这样啊，那我不亏。我这也是三十号人的工资呢。"加西亚掰着指头数到。

"你不就一直是自己一个人在家看报纸吗？怎么会是三十几个人，我怎么不知道？"米尔斯忍不住在咆哮。

加西亚小声说："冷静、镇静、不要冲动，我确实是一个人在给他们编造假情报，但是有时候自己编不圆了，就杜撰一个人解释情报来源，就慢慢把他发展成谍报员，马德里只给安家费和工资，又不来核查，我就越编越多了。"

"那也不能那么多钱啊！"米尔斯还在垂死挣扎。

"可能的，可能的，我能独自出来就是靠他们一场危机，库伦塔尔一次性给了我三个月的经费，后来每杜撰一个人，他都会给一个半月的经费当安家费，每次有人牺牲，他们会给抚恤金，每少一人，我这就得补充一人，又是一笔安家费，还有立功多的有奖金，每月有定例，渐渐就多了起来。"加西亚解释道。

米尔斯几乎是咬着牙说："你根本一个人都没有，还敢报牺牲，你胆子也太大了。万一他们要核查或是见家属，你不就全暴露了吗？"

加西亚说："不会的，我报牺牲也不是一两次了，我知道他们那里每天必看的报纸都有哪些，我报牺牲前都会在那几份报纸上登个讣闻，或者家属订了教堂的消息，他们看过之后，再接到我的报告就不会意外了，还会嘱咐我安排好其他事宜。"

"真有你的。德国情报机构招了你这么个极品，真是太幸运了。走跟我去见先生，你骗得太多了，我都不知道怎么处理好了。"米尔斯已经认命了，随他怎么折腾。

老绅士听了米尔斯和加西亚的汇报先是一愣，沉吟了一下说道："这样很好，敌人的资源不是换成武器就是换成物资，我们的军队也把缴获武器和物资当成很大的功劳。我们情报战线也一样，能够骗取敌人的真情报，喂给敌人假情报，就是大功，这直接骗资源金钱的还是真不多见呢。加西亚，干得好。但是，凡事要有度，你的任务是潜伏，给他们我们准备的情报，稳固你在他们集团的地位，关键时刻，你的一个情报要顶上百万雄师才不枉费我们一番心血啊。"

"是，先生，加西亚受教了，加西亚一定完成自己的任务，只要组织需要我潜伏，我就是德国情报机构的中坚柱石，只要组织需要我给他们假情报，我一定稳住他们的主力，配合我们正面战场夺取胜利。"加西亚郑重承诺，后来他也的确是这样做的。

从此以后，马德里的德国情报分支机构正式入股英国情报机关，他们的资金通过第一得力干将阿拉贝尔牵线，一分不少地转入了英国情报机关。在很长的一段时间里都是德国人在支付英国特工的工资，但是英国特工也绝不是白拿工资，他们集体拿出了许多有价值的情报，通过阿拉贝尔也就是"嘉宝"送回德国情报机构。至于他们到底是吃亏了还是占便宜了，那就见仁见智了。

"嘉宝"自从到了伦敦除了过节和熟悉亲近的同事，还什么正事都没干呢，就已经为英国情报机关立了一大功。

宁静的夏天的晚上明月高悬，月色柔和淡雅，清辉娴静，在这样的月色里，人也应该平静祥和才是，可是此时的加西亚心潮正汹涌澎湃着。海上柔和的清风，携着波浪的清凉也没能浇灭他沸腾的热血。反倒把院中的白杨垂柳、丁香海棠全部唤醒了，绿叶簌簌摇荡，花香悄悄流动，加入这夜的不眠。

作为情报人员可以比别人提早知道未来战争的走向，就在这个夏天，英美盟军决定在秋季实施"火炬"的登陆作战计划。这是一场大行动，盟军方面把所有的家底都拿出来了，为了造成登陆的突然性，他要在情报上迷惑德国人，把他们的注意力转移北非。

加西亚粉墨登场了，他要在未来的半年多时间里做那个幕后提线的黑手，前台都是按照他的意志表演的木偶。看戏的人就是所有德军情报

二战浪漫曲

系统和参谋系统的各路精英。

米尔斯和加西亚坐在一起把英国情报机关所有的情报汇集到一起，再添油加醋地加工一番，封好发回马德里。加西亚现在已经和马德里建立了特快传递渠道，不必转手，他的情报直接汇到德国情报机构马德里分支机构。

情报量很大，而且很混乱，更加证实了加西亚所一手"创建"的这面国际情报网正在全力运行着，从世界各地发回来方方面面有关于盟军方面的或重要或无关痛痒的情报，他虚构的 20 多个情报员现在更有用武之地了，近东、中东、远东，非洲、北美、拉丁美洲，好像地图上有的地方，他的情报员就能搞到那里的情报。这个情报网络之庞大并不是没有引起过德国人的怀疑，不过目前的情况下，获得信息远比甄别它们显得更加重要。

事实上，加西亚的目的也正是这个。他的打算就是通过混乱的情报淹没马德里库伦塔尔的德国情报机构，让他上报柏林的情报也无法分出主次，这样就能比较有效地将盟军行动的真实目的进行遮掩或混淆，使德军无法猜出盟军的真正行动意图，如此一来，法西斯方面情报灵通、先知先觉的优势在糟糕的处理速度和混乱的信息作用下基本被抵消殆尽。最关键的时候，还有加西亚坐镇欧洲，他可以在最后的时刻发报给马德里告诉他们真相，即使他们来不及反应，还是会更相信他，这也是他最为常用的一种伎俩。

不过，除了远在天边暂时对德国人无关痛痒的情报，苏德战场才是欧洲主战场，有关苏德战场上的情报可是目前德国人最在意的情报，在他每天提供的情报目录当中自然少不了有关于这一部分的内容，这些情报全由加西亚和手下第一美女间谍酒吧女郎负责。

他为这个酒吧女郎设计了相当合理而庸俗的背景故事，她的上校男友是她主要的情报来源，每当这位上校开完冗长无趣的军事会议，通常要做的就要找女友倾诉放松一下，在加西亚的一手操办下为他们准备了很多娱乐活动，上校的公事包总会有几个空档是不在他们视线之内的，因此他经常能够抓住时机把文件用微缩胶卷拍下来，这些第一手的情报每当传送到中转站之后，都会被视为最重要和可信的内容直接转送柏林。然而，这些内容当中能够起到真正效果的实在太少，德军吃过几次亏后，渐渐怀疑情报出了问题，加西亚也知道这场戏有点演过火了，反正他手下的"人员"哪个出问题都可以直接找个借口"牺牲"掉或者"退休"掉，反正只要理由充足，在马德里查下来之前有交代就行。这条线不能再使用的话，再换一个其他"背景"的人员继续用其他借口"偷取"情报给德国也就是了。

　　很快，在他的安排之下，英国反间谍机关又要公布战果了，化名"露西"的酒吧女郎因为间谍罪被捕，但是拒不交代受哪方指派，搜查其住处找到还未销毁的苏德战场情报，经排查，参谋总部的"理查德上校"因为有重大嫌疑而被免职调查，因涉嫌泄密正准备受审。在"露西"的私人住所当中还有一份表格和几个凌乱的字母，怀疑是她和接头人传递情报的密码，即使查到了这些，没有密码本也是无济于事，只要她一日不开口，此案就一日不能算告破。

　　加西亚添油加醋地紧急上报马德里，"露西"被捕以及目前他组织面临的困境，希望能把她解救出来。这让马德里方面感到有些为难，虽然她所传递出来的情报相对有些价值，但是对于一个已经暴露的间谍，她的可用之处实际上就已经失去了，即使救出来也不能再为组织服务了，现在只是出于道义，尽力挽救她罢了。

加西亚却不依不饶做戏做足，他声称还有可疑之处，那个上校被免职之后一直没有下文，加西亚怀疑这是圈套，一开始他们就怀疑有情报泄露，然后设下局，等着"露西"往里钻，之后借"露西"和加西亚的手把假情报送给德军，当战场上形势逆转之后再逮捕"露西"。因为"露西"一直没招出加西亚，所以他们又出一招说理查德上校被免职，成了待罪之身，等着德国间谍出手出错，他们再扩大战果。这种说法让德国方面也开始疑神疑鬼，陷入到了加西亚编造的情节当中。目前的情形，不救他的组员，道义上站不住脚；要救她，那么有可能连加西亚都要失去，不过比较幸运的一点是，根据现在掌握的情况来看，他们没有证据证明加西亚也是间谍，英国毕竟是个法制国家，不能乱定罪名。他们重要情报传递都是通过密信方式，而密码本就是当时英国最流行的一本香艳小说，几乎伦敦市民人手一本，根本不能作为证据。

库伦塔尔刚收到加西亚汇报这件事情的邮袋，就接到柏林申斥情报失误的电报，还要求他严查责任人露西，可从现在的情况来看，这个责任人也有可能是被英国当局做下的局给骗了，现在还被英国情报组织抓获了，如果不救她，可能会把损失扩大。两难之下，他只能给予加西亚金钱援助，但愿足够的钱财能把她"捞出来"，即使不能，也要买她闭嘴，千万不能招出加西亚来，否则，连续损失两位重要情报员这种损失可绝不是自己能担当得起的。

通过加西亚的运作，那个不存在的"露西"小姐要永远带着秘密在监狱里修身养性了，库伦塔尔的巨款就买来她终身不开口。苏德战场情报有误的责任也不了了之了，加西亚的组织再没"露西"这号人物了，所有的责任都被这个根本没有存在过的人一肩扛了。

不过，加西亚自己也知道，这件事情如果没有成功瞒过德国方面，自己所面临的问题也是十分严重的。在这以前，他的情形本来就已经是站到悬崖边上了，有一阵大风刮来，就能使他万劫不复。终于，在紧要关头，他站稳了脚跟，又重新回到安全地带了。经过这次考验，他们必须给德国人提供一点真的东西，从而换来信任，挽回危机，使得他们能够牢牢地站稳脚跟。

"三国公约"签订以来，邪恶轴心国集团正式成立。既然攻守同盟的军事集团，那么对意大利和日本不利的情报也算是有价值的情报。这是加西亚判断的结果，因此他决定在这方面下功夫，毕竟不管怎么说，这些情报和德国的关系都是间接性质的，提供了之后也难以在第一时间提供给它的盟友们。

太平洋战争爆发，日军席卷了整个东南亚，美国的势力和英国的殖民地都受到了侵犯，盟军往太平洋和亚洲调兵也很正常。加西亚的情报转向太平洋地区，这些情报显示，英国人答应支援亚洲盟友军队一部分战机，而同时，美国又计划支援他们多少架，坦克多少辆，还有美国向太平洋投入了多少艘军舰，最后这些飞机、坦克、军舰都跑到了北非地界。不过当时还是很具有迷惑性的，而且他们确有如此打算。

德国海军察觉到直布罗陀海峡外有大批盟军舰队集结，正搞不清楚状况，盟军在到达时又不停地变幻航向，德军统帅部无人可以洞悉盟军的意图。这时得到加西亚情报的指引，判断更是陷入一片混乱。直布罗陀海峡跟太平洋隔着老远呢，有必要兜这么一大圈再去目的地的必要吗，长途奔袭都不可能不暴露目标，何况是大海上，安全的航线就那么几条，实在让人费解。

苏德战场斯大林格勒战役还在进行，不断把兵力和装备投入到这场战役，北非的投入就相对减少了，东非英军迎来一个反击的好时机，阿

二
战
浪漫曲

拉曼战役打响。既然加西亚现在取得苏德战场的情报有困难，那就配合阿拉曼这个非洲主战场吧，加西亚欣然受命。

德军非洲战场的主帅是"沙漠之狐"隆美尔，他手下有个"康多尔小组"是潜伏在英国这边的间谍小组，他们很受隆美尔的信任，但是早已经被英国掌握。英国特工冒充"康多尔小组"给隆美尔发报，他仍深信不疑，反而把柏林转来的真实情况当做陷阱。于是，就出现了非常有趣的现象：英国情报机构把真假两种情报通过不同的渠道传送给隆美尔，加西亚给马德里，马德里又转柏林，柏林再转北非的是真情报，但大多没被采信；而通过缴获的"康多尔小组"电台直接发给隆美尔的假情报却都被采信了。于是，战争结果毫无悬念，而且加西亚的情报都被证明是正确的，德国人对他的信任又重新确立。

阿拉曼战役结束后，盟军方面策划半年的北非登陆也开始了，德国海军一直派出潜艇活动，跟踪盟军的舰队，在尝到了大规模欺骗战术的甜头之后，盟军故技重施，事先准备了大量的水面民用船只改装成军舰形状作为诱饵，很快就把敌人有限的潜艇都引向错误的方向，还有几路暗中跟加西亚之前的情报吻合。登陆开始前一小时，加西亚接到命令，要他以电报的形式向马德里报警，就说盟军意图在法属阿尔及利亚和摩洛哥开启登陆作战计划。

这个时间也是精心算计好的，加西亚的情报送去马德里，再由马德里转发柏林，柏林知道的时候，登陆已经开始了，他们就算证实了情报的准确性也挽救不了失败的结局。当初德国海军刚发现直布罗陀海峡有舰队的时候，纳粹德国元首心不在焉地说了句"准备占领全部法国"。当时的法国分为两部分，一部分是德国占领区，一部分是维希法国，戴高乐领导的自由法国在英国流亡，并没有实际国土，希特勒说的"占领全部法国"就包括盟军将要登陆的地方。

马德里那边电台不是二十四小时无间断开机，但是加西亚不用算计什么发报时机最有利，他现在手里没有电台，紧急情报也是通过公共电报系统传递，只是使用模板，把情报分布在几处。他只能在电报局上班的时间段内发报，这也是客观条件造成的，得到消息之后，他一整夜都等在电报局门口，人家一开门他进来第一个发报，告诉他们盟军正涂着地中海伪装，已经在北非登陆了。

事后，库伦塔尔发报告诉他，他的情报非常准确，可惜的是一切太迟了，没能挽救他们的失败。加西亚毫不示弱地回复道：如果不是他固执地不同意自己早日建立自己的电台，有紧要消息都是通过伦敦电报局传递，怎么可能耽误这么重要的消息。他现在简直怒发冲冠，如果不是伟大的信仰指引着他，他已经甩手不干了。

库伦塔尔害怕加西亚真的撂挑子不干了，那他的英国乃至世界情报网都要瘫痪了，他无法向上面交代。所以他只能好言安抚，同意他建立自己的电台，建立电台的费用，随后就通过秘密账户汇给他。加西亚的情报虽然发回较晚，但是跟希特勒随口说的"占领法国"相符，柏林也批示让阿拉贝尔直接和马德里建立联系，让他建立电台。

春季定下的"火炬计划"，因为加西亚的全力配合，几乎没遇抵抗，顺利登陆，他还借机把自己的情报组升级，可以把假情报更快地发回马德里，还敲诈了一笔保密费和建立电台的费用。

那是一个放晴的早晨，伦敦的上空没有云彩，太阳光充足而温暖，微风中空气似乎带有野外的花草清香。不知是谁从城外借来这一缕幽香。加西亚在房里伸了个懒腰，透过轻摆的帘幕洒向满床的阳光，以及随风而来的一缕花香，都在预示着今天必定让人心旷神怡。

起床看向窗外，院子里落英满地，翠绿的草地上红白相间，打开窗子，花草的清香更加馥郁，深吸了一口气，头脑瞬间清醒了起来。今天是星期日，报纸的周末版都是休闲娱乐。真是黑色星期天，娱乐版很难挖到有用的情报。现在他看报纸几乎就是在找情报，没有情报或是情报少的新闻都不能引起他的兴趣。

自从 1943 年他的组织升级，建立电台和马德里之间建立直接联系后，他发送假情报更加顺手也更加及时。他一边跟马德里频繁联系，一边找人监听马德里与柏林的电报，顺便破译了德国情报机构的高级密码。还在一次意外中，大胆预测了同一级别电台之间轮换密码以保密的机密。可以说"嘉宝"就是英国情报组织的福星，也是德国情报组织的噩梦。

就在加西亚韬光养晦，每天躲在自己的一方小天地里逍遥的时候，外面的世界已经天翻地覆了。但他已经不是当年那个刚出社会的青涩少年，什么都在发生之后才反应过来，他现在掌管世界最强大的情报组织，柏林的许多消息都是通过他才知道的。他现在是真的足不出户，却知天下事。

德军的日子越来越不好过了，加西亚亲自参与北非登陆之后，德军又在西西里遭遇惨败，他们已经彻底丧失了在地中海的空中控制权和海中控制权，地中海实际上成了英国的"内陆湖"。

盟军经过一系列波折终于在西西里岛登上陆地，接着率军挺进桥头堡军，然后把西西里当做进军的一个中转站，进军意大利关键地域。除了在安齐奥海滩遇到有力阻击外，进攻几乎是一帆风顺。由此可见德军还有可以一战的勇气和力量。

他们在情报战线上也没彻底投降，还有一些人死不悔改，执迷不悟，妄图兴风作浪，打乱盟军的行动。德国有个代号"西塞罗"的间谍，化妆成仆人混到建在土耳其的英国大使馆。本来一个仆人也没机会接触机密，可是这个驻土耳其的大使不如葡萄牙的大使科波菲尔警惕，科波菲尔有点警惕过头了。驻土耳其的英国大使喜爱歌剧，被"西塞罗"发现后，加以利用，他也学过歌剧，还学得不错，渐渐得到大使信任。

他趁大使喝醉的时机偷了大使的保险柜钥匙，用照相机拍下了里面秘密保存的所有文件，后来查证有德黑兰会议以及其他几次重要盟军首脑会议报告和决定等重要情报。因为他的贪心，要了太多价码，耽误了另一个双重间谍索要经费，他的身份就此泄露，被英国反间谍机关破获。

大使也是个厉害角色，不甘心吃暗亏。他在保险柜里安上报警的电铃，只要不是他本人开锁，警报就会响，接下来机关就会落下，狡猾的"西塞罗"就要先吃些苦头了。大使还骗"西塞罗"亲自完成布置陷阱的工作，直到他深陷其中的时候才能反应过来，当初他亲手安装的都是些什么。宁得罪君子，不得罪小人。这个大使更是小人中的小人，不但让人自己挖坑自己跳，还偷偷把他从德国人那里讨价还价挣到的辛苦费全部换成伪钞。"西塞罗"遇上这样的无耻小人，只能说是无可奈何，最终只能束手就擒。

"西塞罗"这个楔子是拔除了，可是在拔除之前，德黑兰会议记录已经有一部分流向了德国情报机构，会议内容也不是新闻，是早在英美魁北克会议就通过的计划，只是这次有苏联的加入，补充了一些条款，英美在欧洲开辟第二战场，苏军同时在东线拖住一部分德军。

不管德国人知道多少，第二战场是一定要开辟的，这也是同盟国和轴心国心照不宣的事实。西欧的某些地方将是他们不惜血本，拼命争夺的地方。还有一个公开的秘密就是，这次盟军的进攻和德军防守的成败关键就是德军对进攻的时间和地点的掌握，这也是考验双方谁的情报工作做得更胜一筹。

　　加西亚不在前线，但是每一道元首的命令还是会准时下达到他的情报组，这也是共同进退的意思。德军最高统帅部传递元首的命令，明确告诫各方，欧洲所有靠近大海的地方都有被德军登岸的可能。之后不久，又有新指令重申前面的内容，表示登陆非常急迫，将丹麦到法国的所有海岸线列为防御地段。

　　重新构筑沿海永久性防御工事，即戈培尔吹嘘的"大西洋壁垒"，实际上只有加莱地区基本完成。号称近百万军队坚守在这个强大壁垒的后面，这除了中国万里长城以外，工程最浩大的防御建筑。

　　工事虽然被夸张得厉害，但是加西亚心里清楚他们的实力，希特勒一旦确认了登陆地点，他就会迅速把兵力集中起来，使盟军困在狭窄的海滩上寸步难行，并最终在这里消灭他们，只有在进攻时间和地点上误导希特勒，让他判断错误，才能取胜。

　　一切又回到情报战场，正面战场的较量从来都是图穷匕首见，胜负早已在情报战场上决断了。只不过无论是胜利的一方，还是失败的一方，在结果出来之前，都认为自己才是情报战场的胜利者，即使是失败方，胜利者也会让他那样认为，只有这样，他才会放手一搏，在正面战场上输得更加彻底。

　　现在无论是英国方面还是德国方面，都在挑选自己信任的间谍，使出浑身解数去刺探敌人的情报，释放自己的假消息。交战前双方都把目光投向了正悠游自在逍遥红尘的加西亚，英国人的"嘉宝"，德国人的"阿拉贝尔"。

　　加西亚的上司首先想到，一个间谍是否被德国人信任，这就要跟他过去发回的情报质量挂钩，情报质量差，即使安安分分也不会被信任，

二

战

中

的

王

牌

间

谍

而情报质优量多，人又可靠就一定被信任，这样的人屈指可数。

　　被德国人信任是一方面，也要被自己人信任才行，英国情报机关能信任的人不止要有能力，更要忠诚。

　　德国情报机构物色了两个已经身在英国的间谍，并且认为他们给英国传递了最值得信任的情报，他们就是早就在英国两个互不统属的情报机关里站稳脚跟的"三轮车"和"嘉宝"。同时，他们也是英国情报机关千挑万选，既能放心使用，又能得到德国人信任的双重间谍。

　　加西亚看着报纸周末版，大脑里好像安了小发动机，开足马力搜寻有用的消息，可惜毫无所获，不禁有些心灰意冷。这时电话响了，周末还有电话，不是打错了，就是总部那边有什么紧急事情要叫他去办。

　　迅速冲进屋里，但是加西亚没有接电话，他在听电话铃声，现在窃听装置很流行，说不定哪根电话线就被装上窃听器了。一般总部和他电话联系不是靠说话，而是靠铃声，响铃声就是简单的摩尔密码，每次停顿就是一组数字发完。今天的铃声意思是：休假取消。那就是现在就要去总部报道了。

　　加西亚以最快的速度赶到总部，直奔米尔斯办公室。米尔斯告诉他一个消息：马德里那边要他回去述职。还有这是三年多来马德里那边第一次要求他回去，这个命令太值得推敲了。

　　这个命令里有两个意思，一是要加西亚限时回去，二是要加西亚安排好情报员，在离开的时候照常工作。前一点是因为什么还不清楚，但是后一条显然没有怀疑加西亚的情报网有问题。但是3年多没要求加西亚回去，这次却作出了如此突然的决定，实在不寻常啊。

　　加西亚意识到事情的严重性。

　　米尔斯知道上面将要给加西亚派一个重要的任务，他有资格接受任务的关键就是德国人还是一如往常地信任他，可是任由他这样羊入虎口，还是很担心，想要劝他不去，又没有立场，怎么都说不过加西亚，他只能为难地看着加西亚，眼神里都是不舍。

加西亚还是很冷静地告诉米尔斯不用太担心他。

米尔斯当然知道加西亚是在安慰他，德国人到底安的什么心，谁也不知道。加西亚是在拿命做赌注，敌人提出了让自己回去，如果没怀疑他，却不回去，反而会起疑心；如果敌人已经怀疑他，那么他更要回去，解除这一怀疑。他在用命换取敌人对自己的组织的信任，如果他有意外，凭敌人的贪心，不会放弃这个情报网，或者派人接手，或者从内部选人，只要保证这个所谓的组织存在，那总部还可以利用它操控敌人。只要加西亚豁出命回去，总部就稳占赢面，他怎么可能不回去呢？

加西亚看着米尔斯沉痛的表情，知道他明白了自己的苦心，并说自己走水路，然后想整理一些资料应付考察，再想想给谍报员们安排点什么任务。

马德里那边也在准备阿拉贝尔回来怎么接待，柏林要求派人到英国刺探盟军登陆准备，这已经是过于危急的时刻了，必须要慎重。阿拉贝尔他是信任的，奈何总部要派人再次确认他是否可信，他也只能照做，他相信阿拉贝尔一定能通过考核，也一定能完成这次艰巨的任务。

库伦塔尔已经把加西亚这几年发回的情报全数交给了柏林特派员，现在看来的确是优质情报，如果有几条能早到，那么好几次关键战局都会扭转。

加西亚在伦敦以及在路上的时间，也没闲着，他把自己从马德里到伦敦一路经历又好好重温一遍，哪里有可疑的地方，哪里可能是敌人的突破口，他心里已经有了一本账，越接近马德里，他心中越笃定，他已

二战中的王牌间谍

经预见到，此行有惊无险，他一定会知道敌人的机密。

轮船靠近西班牙的土地时，加西亚平静的心湖还是掀起丝丝涟漪，慢慢有向波浪演变的趋势。他多想让轮船继续前行，到他的家乡巴塞罗那靠岸，悄悄从家门前经过，看看年迈的父母，他们这么多年还好吧。可是他不能，他要冷静，不能被自己的感情左右，他现在还处在风口浪尖，不能把危险带回家。

船到西班牙南部就靠岸了，加西亚一路北上，离家3年，乡音未改，流利的西班牙语，带着巴塞罗那的口音，通过层层盘查，毫无悬念地进了首都。他们没再迟疑，直接到德国情报机构报道。进门没人阻拦，但是楼上警卫问他暗号，他迟疑地说出三年前的暗号。警卫还不知所措，他们头领却知道，库伦塔尔这两天等候的人到了。

加西亚来到库伦塔尔面前。

加西亚先立正行礼，说些别来无恙的话，之后就要进行述职了。库伦塔尔听完之后说了一些赏识加西亚的话。

库伦塔尔没再多交代什么，加西亚独自一人去了酒店套房。有个身形彪悍的大汉问了他的代号，就把他带到套房的客厅。加西亚恭敬地站在门边等候传见，里面应该有可以观察他的地方，他一直就恭敬地站着。柏林特派员看得很满意，他出来直接招呼加西亚坐，等到特派员落座，加西亚才坐。特派员问了他一些手下表现如何的话，加西亚一一作答。

接下来就是谁在什么情况下被加西亚发现，谁又表现的怎么样，谁为了哪场胜仗的情报丢了性命，谁又为了哪场战役失去了自由，他们临行前又是多么无怨无悔。这些感人肺腑的故事，感天动地的情怀，感人至深的勇气，必定会是流传久远的奇迹。加西亚敞开了说，三天三夜也说不完，抑扬顿挫讲得是口沫横飞，说到伤心处还滴下几滴鳄鱼的眼泪

二战浪漫曲

不过特派员可是听不下去了，"好了好了，已经够详细了，难为你们了，你们的功劳上头是不会忘记的，还希望你们早日再立新功。"特派员就让加西亚代表他们全体谍报员去库伦塔尔那里领受新任务去了。加西亚出了门神情依然恭敬，但是心里却早就把这个假惺惺的特派员狠狠地鄙视了一把。

库伦塔尔看着加西亚平安归来，比吃了蜜糖还要高兴，那么那个重要任务就跑不出阿拉贝尔的手心，也就是攥在了自己的手里。

加西亚归心似箭，但是他知道怎样隐藏自己的真实情绪，他要欲擒故纵，让库伦塔尔催促自己回去。加西亚跟库伦塔尔主动交代自己三年不在他跟前，依然按照他的指令，令行禁止，又把跟柏林特派员的谈话主动坦白一遍，说到感动处更是强忍悲痛，努力说完，真是闻者伤心，见者流泪。

库伦塔尔看看时候不早了，就让加西亚先去休息，地方是他们控制的酒店。加西亚按照库伦塔尔的意思，就当作回家休假，除了吃喝玩乐，其他一概不问。临走前还故意说："一个人在敌营神经实在绷得太紧了，就是赶上节庆的场合都不敢放松警惕，难得回来一趟，想在马德里多呆一阵。"

听他这样一说，就算先前有一点怀疑，库伦塔尔现在也打消疑虑了。加西亚现在表现得真像长时间精神处在高度紧张状态，急需舒缓排解一下的已到崩溃边缘的人，不由得库伦塔尔不信他每天处在水深火热当中。难得得到机会放松一下，加西亚索性真的每天风花雪月，什么正事都不过问，库伦塔尔渐渐有些着急了，阿拉贝尔怎么就不提回去的事情呢？自己又不好先提，显得自己一点都不体恤下属，有一天见到加西亚，问他有没有跟伦敦的情报员联络过。加西亚回说他来之前都按总部要求安排好了，他在不在都不会有太大的影响。加西亚越显得乐不思蜀，库伦塔尔越着急，他已经顾不得表面文章了。把加西亚叫到自己办公室，跟他摊牌了。

库伦塔尔忽然告诉他现在已经确定盟军要在欧洲开辟第二战场。加西亚听了之后心里咯噔一下，知道这是德黑兰会议记录泄露的内容，但是表面还是一副了然的神色，库伦塔尔看见他高深莫测的表情，心里更加满意，只有这样泰山崩于前而色不变的人，才是适合去窃取最高级情报的人选。

最后，库伦塔尔要求加西亚在盟军主攻打响之前，找出他们的登陆地点。不必在意最终结果，凡是他们军事调动，军官往来，公开情报，小道消息，政客闲谈，都要他汇报上来，最终的结论会由上面定夺。

加西亚接受任务之后敬了个标准的军礼，立正不言。

库伦塔尔目的已经达到，没再做挽留，知道他既有自己给的护身符，又有英国的通行证，路上不会有麻烦，连路上小心的叮嘱都省了。加西亚心里毫不留恋，但表面上还是恋恋不舍的样子，回酒店简单地收拾了行李，开始出发。当扬帆起航的那一刹那，他好像经历了一次重生，再见了马德里，再见了我的故国，不知道下次见面会是在哪一年，哪一天。加西亚终于回到伦敦了，他不知道在自己离开这段时间，惦念他的米尔斯每天都度日如年，他后悔为什么自己那么不理智，一切都听他的安排，没派人保护，没派人接应，也没告诉他马德里的交通站，以及联络方法，他有个紧急情况，连找个帮手都难。他自己给定的期限就是一个月，一个月眼看就要到了，难道加西亚真的出了什么意外不成？

米尔斯现在疯狂地工作，只有工作起来，才能让他暂时忘却一些事，一旦停下，锥心刺骨的痛，悔恨就会排山倒海地压下来。就在他折磨自己的时候，听见一声熟悉的调侃声"听说米尔斯自兄弟走后，不吃不喝，夜里睡不好，疯狂工作，都快僵硬了。真是令人惶恐啊，什么时候我变得这么重要了？"

米尔斯见到他之后欣喜若狂，加西亚走的时候说，来回最多一个月，一个月不归，可能就是凶多吉少了，还说他在那边依然可以发电报，以关心自己组员的借口报平安，结果为了蒙蔽库伦塔尔，愣是一件正事没干。伦敦这边对他的安全非常担心，又怕打草惊蛇反而害了他。时间越长，希望就越小。

加西亚连忙给他解释，自己猜得不错，敌人是有绝密任务要下达，所以把要委任的人都审查一遍，确保这些间谍都是可用的。敌人知道盟军的下一步是要登陆，但是不知道具体登陆位置，他这次被派来刺探盟军最高机密，登陆地点。他也是为了打消敌人最后一丝怀疑才忍痛不跟总部联系，还要出去风花雪月，装成乐不思蜀的样子，逼得库伦塔尔亲自出马，把他扫地出门，踢出西班牙。

加西亚汇报完之后就回家了，他知道德国人不会只给他一个人下这个命令，德国间谍们应该已经开始行动了，那么他也要尽快行动才是。在伦敦加西亚才是真正的放开心怀，放下包袱，轻松入眠，美梦不断。下午1点，加西亚准时到米尔斯的办公室报到，没有针锋相对的交锋，没有唇枪舌剑的外交辞令，一如老友相聚畅所欲言。

谈话的过程中，米尔斯提到了"卫士"计划，起初加西亚不懂，经过米尔斯解说，加西亚渐渐明白了："卫士"计划要通过各种欺骗手段使希特勒相信，盟军进攻的矛头是斯堪的纳维亚、巴尔干半岛等地甚至任何一个其他的地方，但是绝对不是诺曼底；即使盟军出现在诺曼底，并不是最终想要达到的目标，只是一个分散敌兵的烟幕弹，真正的登陆是在其他地方。

进攻之前、进攻期间和进攻之后都是"霸王"行动的关键，尤其是进攻之后，有一点战争尝试的人不会在发现第一梯队超过 8 个师的规模时，还相信这里不是盟军的主攻战场。可是这些骗术策划者们就是要在不可能中创造可能，即使不能让德军相信，也要干扰他们的判断，延长他们做出正确决断的时间，为登陆成功尽量争取一切有利机会。

"卫士"计划的主要目标，总结起来只有两个，一是诱使德军指挥部相信登陆地点在除了诺曼底的几个地点，把军力分散在各地，不易集中，或者坚守其他地点，盟军可以靠破坏交通，使敌军主力无法增援；二是诺曼底的登陆只是佯攻，为了消耗德军的后备力量，为真正的主攻创造条件。

而计划最核心的内容就是，这些欺诈内容不能一帆风顺、平平稳稳地送到德军手上，一定要让德军费尽力气、耗尽所有脑细胞，才能获得那么一星半点、前后矛盾、真真假假、虚虚实实的线索，再为了解开疑窦丛生的线索去分析、推理、假设、归纳，累得吐血才能得出符合盟军设想的错误结论。

担任盟军远征军最高统帅的艾森豪威尔将军在刚开始接过重任的时候，对成功还没太大的把握，他在给朋友的信中说："紧张的氛围让每个人都很压抑。这不是一次冒险，而是一次攸关生死的壮举。"可是当他看到"卫士"计划后，高兴地说他喜欢这个计划。

尽管在之前的间谍生涯当中，加西亚也经手向德国传递了不少虚假的情报、错误人员名单甚至完整的虚构计划，可是他还从没接触过这么庞大、复杂、大胆的项目，尽管责任十分重大，但是这项出乎意料的挑战找上他的时候，他心中已经完全被这项任务所代表的特殊历史意义引起的激动所充斥，浑身上下几乎热血翻滚，恨不能马上就一展身手。不过在冷静下来之后，他开始仔细琢磨自己是否有能力帮忙完成这个对整个战争局势有着决定性作用的关键大骗局，想起事关成败的关键，自己一个人恐怕应付不过来敌人方方面面的试探，万一哪里想得不周到，暴露了盟军的真实意图，那么不仅是自己个人的生命安危，千千万万奋战在前线和后方的同伴们恐怕也将会因此而将之前所有的努力乃至姓名断送其中。

经过深思熟虑，他顶着巨大的压力，毅然接下了这个任务。为了保险起见，他要求上级多派些人手帮助他来布置这个过程，不过这用不着他自己担心，很快，他就被告知参与此次行动的组织十分豪华，至于到底这个阵容强大到什么程度，如今被资料披露出来的情况显示，当时所有靠诈骗建功立业的机构都被囊括了进来，各种王牌间谍机构加入其中。高手云集，群星璀璨。当然少不了那些深入德国情报组织的双面间谍。就这样，他拥有了最强的支持来完成这场世纪大骗局。

设在英国伦敦的监督处是整个组织的枢纽，工作地点与丘吉尔的战时内阁十分近，就同处在一条街上，它们日常工作就是进行各种欺骗活动，现在成了"霸王"行动中战略欺骗的组织机构。所有行动计划和方略都从这里被电报员们灵巧的手指不断传出，指挥着庞大的欧洲盟军和阴影当中的情报战士们的动向。

监督处现任长官是陆军中校约翰·比万，人称诈骗总管。虽然他的军衔不高，但权限不可小觑，他甚至可以组织发布会，让各国首脑发表声明。监督处有三条格言：斗智、狡猾和精细，徽章上面印的是古罗马神话中诡计多端的小妖精，一切显示，这将是一场十分精彩的好戏。

加西亚的情报小组也要开足马力，变成一架假情报的传送机，他们的情报要多离谱有多离谱，要多误导有多误导，但是当所有的情报机关都参与到同一个欺骗计划中来的时候，那就"假作真时真亦假"了。谎言被重复很多遍就自然而然变成真的了。当所有的间谍都告诉他盟军的登陆地点是加莱，当所有的军事部署都在加莱，当所有监听到的命令都是进攻加莱，他们也只好这样相信了。

加西亚也在这场惊天骗局里占据重要一环，他的任务也有让德国人接受盟军的登陆地点可能是加莱的一条。如果德国人执意关注诺曼底，就尽量使他们相信，那个只是虚晃一枪，没有真正的威慑力。而这其实也是整个任务当中最为困难和关键的一部分，诺曼底的登陆行动从一开始就被既定，盟军方面虽然在人员和运输器具上有着远比德国充裕得多的准备，但是却也无法满足在将全面控制诺曼底所需最低限度的兵员的基础上再分出一支同样规模的部队作为德国万一没有中计全力去防御诺曼底时可以攻击加莱的后手。这是盟军方面的无奈。因此，如果不能够在这件事情上让德国人把注意力全部放在那个虚假目标上，那么即便能够拿下诺曼底，很可能在第一波兵力大量损失的情况下无法把握战果，甚至面临被后继赶来的德国人重新赶下海去的风险。无论如何，这件事情都是志在必得的。

为了达到"卫士"计划的预定目标，盟军把这场戏演得万分逼真。毕竟，有些力气是必须要下的，没有几十万人的部队在加莱对面的英国海滩上摆出准备大举进攻的架势来形成预备渡海的迹象，光靠情报欺骗是很难让德国人就此上当的。然而前面所出现的问题又一次摆在了面前，盟军要想保证主攻方向上的绝对优势，是绝对不可以依靠大批分兵这种办法来引诱德军调动的。现在这个问题就摆在情报机关面前，怎么办？

一个大胆的计划在一次情报机关内部会议中被提出来，那就是"坚

二战浪漫曲

218

忍"计划。它针对"卫士"计划的两个目标，分成"北方坚忍"和"南方坚忍"两个部分。一部分为德军分散兵力，一部分为了确定假的主攻方向。

"北方坚忍"计划针对斯堪的纳维亚半岛上的国家，德国元首对斯堪的纳维亚半岛有种特殊的迷恋，无论盟国对斯堪的纳维亚做出多么微小的威胁，德军的反应都会相当敏感，德军在挪威驻有重兵，有些时候德军的主力舰和潜艇几乎都停在那里的港口。

为了弄清楚德军为何单对这里敏感，他们通过埋在高层的间谍探知，希特勒年轻时崇拜一个德国海军上校，他写过一篇关于"一战"海军战略的文章，在文章里反复阐述德国的上次失败原因在于德军舰队都限制在了德国的海湾里。还假想另一次战争，德国的海上力量要占领挪威的不冻港，德国的海军在大西洋畅行无阻，就能切断英国的海上活动，英国将毫无还手之力。

既然如此，那英国的情报精英就要好好利用一下他的迷恋情节。他们要尽量散布英美苏三国将要结队攻打挪威的谣言，要想牵制住德军已经部署在丹麦、挪威和芬兰的主力二十几个师的兵力，没有一个军团是根本做不到的。可是盟军现在没有多出来的兵力投放，所以注定这个计划是个"空头支票"。

情报机关对所有的情报精英们放开了控制，让他们可以任意发挥，尽力去利用各种"无中生有"的信息和迹象制造出一个集团军来，为了完成这次的任务，这些人至少要凭空变出一支拥有足足三十多万人的庞大部队，并通过各种渠道传递的信息使德国人确信这支名叫英国第四集团军的部队确实存在并已经秣马厉兵，而实际上，这支所谓的"集团军"级部队还真的是存在的，司令部就建在苏格兰的爱丁堡，不过这支号称几十万人的巨大军团，实际集结起来的人数还不到一个营的兵力，而且以通讯兵居多。集团军司令部比起建筑群来叫作帐篷区更加合适，除了电台充足，其他什么都缺。不过这已经足够满足制造出频繁的通讯来达到欺骗德国监听者们的目的了。

不止如此，既然是联合进攻，苏联也该有个这样的司令部，为了配合作战，两个空帐篷要时不时交流一下军情，吸引德国无线电的侦听和定位机构。德国方面一发现这个司令部，监听就没停过。终于迎来了德军的轰炸机，损失两顶帐篷，换来德军20几个师不敢妄动，太划算了！

加西亚在干什么？他的手下要传回最新消息：驻苏格兰的部队下发了极地生存手册，还有防寒服，每天进行滑雪训练，还有对挪威和瑞典的广播，让民众做好防控准备，储备好衣物、食物、饮水、药品，一切显示盟军马上就要进攻北欧。加西亚也是这样上报马德里的。

迟迟等不来盟军的进攻，加西亚他们要如何解释？很简单，据最新消息，第四集团军要配合美国另一集团军还有苏联的一支军队，准备在登陆前后，在德军应接不暇的时候对挪威发动大规模的进攻。当然配合的军队也都是不存在的，即使真有这样的部队番号，他们也绝对不会出现在挪威，那个所谓的战场上。

几乎所有的情报显示都是这样的，德军在迫不得已的情况下再次在挪威和瑞典安排了13个师的兵力，等待那个不存在的，也永远不会出现的大规模联合进攻。这次欺敌计划成功，在登陆那天大大减少了盟军的伤亡，而且敌人这么多可用之兵被束缚在挪威，为登陆成功也起着不可估量的作用，可以说是非常成功的计策。

散布对挪威进攻的谣言，还有更加深层次的意义。他的目的不是在战场上显现效果，但是对德军的牵制力量却是釜底抽薪的。这个计划明

二战浪漫曲

二战浪漫曲

着是对挪威的威胁，暗中是对瑞典的施压。盟国要瑞典放弃中立，加入盟国，德国的军工就此停产。他的武器都供应不上了，这仗还有的打吗？如果这些还不足以让德方高层动容，那么"北方坚忍"的另一个暗示，他们不得不仔细掂量。假使盟军在斯堪的纳维亚半岛获得胜利，就可以顺便攻取丹麦，从北方进军攻击德国，到时候就不止是东西两线作战了，德军还要腹背受敌，他们不想面对这样的威胁，那就不得不多留些军队在加莱和北海。

这个欺骗行动最精巧的环节就是对那个凭空而来，横空出世的英国第四集团军的最后安排。一旦盟军在诺曼底登陆，进攻挪威的谎言就要维持不下去了，那么结果可能像所有的假情报一样，随风而来，又随风而逝，这样几十万人的军队神秘消失了，德国人就会反应过来上当了。如果对北欧的威胁不存在了，难保德军不会卷土重来。加西亚他们又要派上大用场了，他会报告他的德国上司，第四集团军已经放弃了进攻挪威，而且撤出苏格兰，调到英格兰与另一支不存在的部队整编成美国第一集团军，准备进攻真正的登陆地点加莱。

"南方坚忍"计划又叫"水银计划"，这是一项更加胆大妄为的计划。它创造的将是一个拥有 50 几个整编师、上百万人的集团军，再吸收了之前威胁瑞典的英国第四集团军组成庞大的美国第一集团军，在加莱发起总攻。而实际上的总攻是蒙哥马利所率领的军团和布莱德雷的第十二集团军，他们即将开赴诺曼底，在滩头建立阵地投入战斗。

这个计划背后的战略意义没有"北方坚忍"计划那么复杂。但是它的巧妙之处在于，德国人假如相信那个军团的存在，不但解释了英国第四集团军的神秘消失，其实就是谎言仍然可以继续，还会在诺曼底登陆的时候不加阻拦，他们一旦坚信主攻在加莱，就不会调兵去增援诺曼底。

他们会在心里描绘那个美好的蓝图，佯攻开始了，只要守住加莱，最后的胜利依然属于他们。

透露登陆地点的任务还是落在双面间谍身上，也就是"嘉宝"加西亚的身上。他的报告说美国军团的指挥部就在多佛尔，即加莱的另一侧，英格兰南部还有他们的军营和仓库，他的情报员还发现了公路上来不及清除的坦克履带印，河上没有散开的军舰航行过的油迹。

加西亚报告的东西都是有据可查的事实，但是德军侦查机和侦查员能够侦查到的就是盟军情报系统合力做给他们看的。多佛尔司令部里伪装了庞大的情报网，各级军队编制电台都有无线电沟通，严格按照同级别单位日常通讯，上下级不定时联络，或者上级发布作战命令，下级汇报结果；或者下级报告突发情况，上级要回电指示进行运作。

在这座逼真的假指挥部里大家假戏真唱，还专门设立了一部大功率电台，就是为了让德国无线电进行侦听。用这些电台与其他的部队的联系当中，其中有一些是和虚假部队的联系，偶尔也掺杂着与真实存在的一些集团军的联系，真正登陆部队集团军指挥部的命令，只要不涉及诺曼底，都会先转道假指挥部，再由设在多佛尔假指挥部的人员将它们传到外界。

为了在肉眼上看起来更有军营的感觉，也为了能让德国人更加坚信他们在这里做着进攻加莱的准备，盟军调集了大量军民工人在英格兰东南部修建了军营、仓库、补给线供德军空军侦查，还从好莱坞借来布景高手造出囤积物资的仓库、机场、飞机、运输机、侦察机、轰炸机、坦克、大炮、山炮、重炮、迫击炮；除了建筑物和肉眼可见的物体之外，需要制造的还有痕迹，其中包括了路上的汽车坦克轰鸣驶过公路的场面，在公路路过时压出的大量履带条纹和车轮车辙，以及军舰驶过河的水面遗留的油迹，大部队通过的脚印、灰尘，驻扎过的帐篷和炉灶的痕迹。喧闹逼真的部队集结行为和留下的种种迹象都是为了德国照相机准备的豪华大餐，目的就是将他们统统骗倒。

除了物质供应，人员也尽量调配，真的登陆部队，暂时没有任务的，都会先被派遣到此处，停驻操练，等有了作战任务再调走。也会派别的部队过来操练，既让闲置部队有事做，不出什么乱子，还能显得假军营很真实。

德军也非常谨慎，频繁派出侦察机顶着边境不时升起的防空炮火前来侦查监视。这些德国飞行员们历尽艰险，从盟军掌控下的天空防御范围以各种方法穿过，把这里难辨真假的集团军相片带回德国情报机构，更坚定了他们相信这里驻扎盟军一个大规模集团军的事实。而这个集团军的指挥部设在加莱的另外一侧多佛尔的"情况"也被潜伏在德军内部的盟军间谍证实已经被德国人所掌握了。

不过，做了这些功夫似乎还是不够达到能够说服德军的目的，在这里，不止物资和人员可以造假，就连部队指挥官都可以造假。根据德国方面对盟军高级军官情况的掌握，能够胜任大规模登录作战先锋军指挥官的将领并不多，登陆战的指挥官不是蒙哥马利就是巴顿，而这个人的情况也必须与整个战略欺骗内容完全符合，无奈两个人都是赫赫名将，走到哪儿都是众人眼中的焦点，将星闪耀，怎么造假？这个游戏就有一点复杂了。不过天无绝人之路，经过仔细查找，盟军还真在自己的部队当中找到了一个陆军中尉，他名叫克里雷顿·詹姆斯，面孔和体型长得都很像蒙哥马利将军，碰巧他参军之前还是个演员，于是情报部门把他借来专门饰演蒙哥马利将军。这并没有什么困难的，同为军人的他身上也有着鲜明的军人气质，在真将军身边学习模仿了几天之后，连一些小动作也照搬过来，模仿得惟妙惟肖。

　　外面有替身吸引德国人的目光，使真正的蒙哥马利将军可以躲在朴茨茅次潜心研究作战方案。需要的时候，假的将军则就在外界频频亮相，前往开罗、直布罗陀进行访问，因为化妆技术的优秀加上这位假将军卓越的演技，这时候所有的人们都认为蒙哥马利正在离开英国进行一次远行，不会参与指挥这场登陆作战。在盟军指挥部安排下，这时真正的巴顿将军再出现在英格兰南部演说、训话，加上神秘的美国第一集团军就驻扎在英格兰南部，德国人自然而然会把两者联系起来。巴顿也就因此成为了被德国重点关照的对象。

　　为了让德国人信得更加毫无保留，加西亚适时地又添了一把火，把英格兰南部驻军情况向马德里汇报，顺便加上了一句故意模糊撰写的对巴顿可能担任其他部队指挥官的信息，让德国方面毫不犹豫地确认，巴顿现在之所以留在英国，就是在等待部队集结准备完毕之后率领着这些部队强攻加莱。

　　德国人如果相信了那个美国军团的存在，还有他们的指挥官巴顿就是为了加莱而战，那么当真正的诺曼底登陆开始的时候，他们就会错以为这是要把德军精锐从加莱海峡引开，他们一去增援诺曼底，第一集团军就会乘虚而入，一举在加莱登陆。那么他们不但不会增援诺曼底，还会坚守加莱海峡，而实际上德军确实中计了，他们把在西线最具战斗力的第十五军放在了加莱地区。这样，"水银计划"的目的达到了。

　　登陆行动前一天，也就是 1944 年 6 月 5 日，加西亚上报马德里库伦塔尔紧急情报，据手下情报员最新侦查，之前都是假象，真正的登陆地点其实是另外一处地方，证据在 6 月 6 日凌晨就可以拿到，请电台接受人员一定要坚持住，这段时间要留意伦敦小组的电报。

这一方面是要告诉德国人真正的登陆地点，防止这次之后他们对加西亚怀疑；另一方面，这个情报要在即使获取也来不及的时刻才能告诉他们。这期间加西亚就不断把自己手下两派支持加莱登陆和支持其他地点登陆的各自理由汇总报告库伦塔尔，还有最新探知的有关登陆的消息，还有登陆即将开始的预告。

非常凑巧，马德里那边的情报官和加西亚合作了很久，看到情报上所描述的伦敦那边情况最近净是些老生常谈毫无新鲜之处的话题，就把主要的注意力转到其他情报组传来的信息上去了。就在6月6日凌晨，登陆战即将开始的时候，加西亚再次拿出他管用的伎俩，几乎就在盟军即将抵达诺曼底海岸的同时，关于这次登陆战的准确情报也终于到了。然而大家都没有想到的事情是，那个倒霉的情报官因为一直没有从加西亚手中得到有价值的情报而一时没太重视这封来自他的信，最后竟然忘记接收了，直到登陆行动已经开始，他才大惊失色地看到了信件的内容，凑巧做了加西亚的替罪羊。

听闻了这个消息的加西亚内心窃喜，但是脸上表现得非常愤怒，直接发报给德国方面来了个恶人先告状。他口口声声强调说，自己再三提醒说凌晨之前一定会有最新情报，一再恳求总部耐心等待，结果这一次居然又出现了盟军在北非登陆时那样"该死的情况"，为什么他的重要情报总是被忽视，他甚至还在信中以愤慨至极的口吻痛诉道，要不是为了心中拥护纳粹的理想，早就不做这份窝囊的倒霉工作了。

这招落井下石用得果然巧妙，虽然这封迟来的电报对于盟军登陆的现实已经于事无补，但加西亚的愤怒指控除了让马德里方面的情报人员稀里糊涂地集体背了这个渎职的大黑锅之外，还额外地换来了德国人的加倍信任他。

不过事实上，尽管整个登陆过程是非常成功的，然而"卫士"计划里仍然出现了一点儿小意外，原本这里还有盟国首脑发表讲话进行宣传欺骗的一个环节，但是法国抵抗运动的领袖激动之下，抛开了情报机关为他作的讲话的稿子，呼吁法国民众迎接伟大的登陆，这点和其他国家领导人明显相反的论调引起了德国情报机构的重视。

他们很快就向"嘉宝"发急电询问，到底谁真谁假，他们把宝押在加西亚身上了。加西亚巧妙地引用了之前发的一条情报，是一条政治战的指示文件，文件表示各层面的长官不能随意讨论有关登录的事情以及和登录有关的其他事情，目的就是怕泄露真实计划。但是他听到自己的上司劝丘吉尔讲话时要注意欺骗敌人，比如"第一波部队已经登陆"最好说成"所有士兵已经登陆"，战争已经打到这个地步了，他没有必要"歪曲事实，给全球得人留下说谎的印象"。其他领导人可能也是基于这点才不屑于说谎，而只有戴高乐不折不扣地执行了欺骗命令。

加西亚的机智聪明，又一次消除了德国情报机构的怀疑，他们接连为他的卓越贡献而向上级请功。

登陆开始后第四天，加西亚又发出一份超长情报，推翻了之前他自己的论断，重新肯定诺曼底的登陆只是起制衡作用的，为了加莱登陆成功而实施的战略欺骗。他要求如果自己的上级不能做出决定，最好上交给德军最高指挥官。出于对加西亚的信任也好，还是之前固有的认知也罢，德军一直在加莱做重点防御，即使诺曼底前线德军将领识破了盟军的计策，也没能请来救兵。

时间就这么推移着，残酷的战争终于结束了。无论是轰轰烈烈的金戈铁马，还是浪漫温馨的诗情画意，永远不能替代琐碎的生活和平淡的人生。

在波浪起伏的历史长河中，战争只是短暂的插曲，无论当初有多么波澜壮阔，都无法代替和平这个永恒的主旋律。

在战乱时代，能够干干净净地度过自己的一生的人，是值得钦佩的。如果在洁身自好的基础上，还能做出一些成就，那就可以说这个人是个不平凡的人，一个不低俗的人。

更为难得的是那些出淤泥而不染的人，他们易容改装，深入虎穴。舍生忘死，孤身奋斗。在隐秘战线神出鬼没，大显身手。成就大我，牺牲小我。"嘉宝"无疑是他们之中的佼佼者。

战争的火光已经远去，噩梦已经苏醒，人们也淡忘了战争的梦魇，在现实的生活中重新找回了幸福和希望。第二次世界大战已经过去了十几年，那场巨大的浩劫带给人类的伤害还要时间慢慢抚平伤口。安哥拉无名小镇，立着一块平淡无奇的墓碑，过往的行人不会在意，从墓碑上篆刻的文字上可以看出这是一个客死异乡的人。

墓碑上的字是西班牙文的，上面写的是"西班牙人胡安·普吉·加西亚于1959年死于伤寒疟疾并发，某某教堂，某某神甫谨立。"这个加西亚的传奇从前听说过，他是英国情报机关里为数不多几个深受当时德国信任的双面间谍之一，他在"卫士计划"里扮演过重要角色，成功欺骗了纳粹德国军事指挥机构，使诺曼底登陆战役得以成功，加西亚立有不世奇功。他也的确是西班牙人。

难怪后来再也没有他的消息，只是听说他去周游世界了，最初的两年听说他到过美国、墨西哥还有古巴，没想到他已经病死在安哥拉这个无名小镇上了。

随着一条"加西亚因伤寒和疟疾在安哥拉病逝"的消息传回欧洲，

英国和德国几乎同时出现了一场不小的混乱。英国只差没有公开他的真实身份，因为还要顾忌其他英国特工战后隐居在外，怕引起连锁反应。

曾经专门制造混乱和破坏的机构被解散了，像伦敦监督处、特种战委员会还有双十字委员会，都是曾经英国战争期间叱咤风云的人物齐聚之地。他们的成员都转行做了其他工作。曾经的总管做了枢密顾问，改做内政工作；监督处的主管温盖特成了黄金委员会的主席，做了商人兼作家，一直隐居在威尔特郡的乡村别墅；也有人重新做起了学问，竟然做到牛津大学的副校长。

更多的成员是成了某个庄园的主人，没事的时候打猎，喝酒，在神秘的俱乐部小圈子里如鱼得水地玩乐，他们在外人眼里或许是成功的商人、狂热的学者、畅销书的作家，这些在战争年代就怕天下不乱，把水搅得更混的危险分子，在战后都开始了宁静的新生活，而且大部分老死在自己的床上。

然而，加西亚真的就这么轻易地客死异乡了吗？当初为了躲避纳粹余孽的报复而周游世界，十年踪迹十年心，他逃脱了纳粹的追杀，却没躲过死神的邀请，岁月如刀，神鬼难逃。不对，加西亚现年不到40岁吧，难道……？

委内瑞拉有一个小城镇，小镇中央有一家人是外来移民，自称为泽维尔。委内瑞拉曾是西班牙的殖民地，文化气息很近，当地人都知道这是个西班牙姓氏，意为新房子的主人，寓意光辉灿烂。

一家人迁来十几年了，邻里关系很好，那家人也很和善。男主人泽维尔先生是个不到40岁的小个子，地中海发型露出智慧的前额，浓密的络腮胡子，盖住了脸的大部分，他夫人常说要是他的头发像他的胡子那么茂盛就好了。还有遮住小眼睛的很厚的眼镜，眼睛是心灵的门户，在

二战浪漫曲

窗户上安了这么厚重的窗帘，想要看清里面恐怕很不容易吧。

此时的泽维尔先生正在自家的后院从豆架上摘豆子，摘满了一筐之后又从土里刨起了土豆，看来他们晚餐要吃鹰嘴豆烧土豆。

见过加西亚庐山真面目的人，如果这时看见悠然刨着土豆的泽维尔，一定会大吃一惊，这不是据说已经病死的加西亚吗？他怎么会在这儿，还这么悠闲自在？究竟是怎么回事呢？

"卫士"计划里加西亚成功用假情报牵制了德军精锐，保证盟军在诺曼底成功登陆，他的假情报做得滴水不漏。德国人鉴于他的谨慎和巨大贡献，为他颁布了一枚特殊的勋章，德军里的能人异士们有朝一日得知代表普鲁士勇士和俾斯麦时代的令人激动的回忆的勋章被授予一个敌国间谍，不知还能不能为自己也获得了这枚勋章而感到骄傲。

"嘉宝"是英国特工，为盟军服务，他自始至终都在欺骗纳粹间谍，欺骗德军最高级别指挥部，甚至欺骗了希特勒本人，可是就是这个骗得纳粹德国上下一干人团团转的敌国间谍竟然获得了他们集团做梦都想得到的殊荣，不知是讽刺还是赞赏。

他的真正身份是英国特工，英国方面还没有授予他与之相当的荣誉，反被德国人抢了先，英国人会不会怀疑他与德国的关系，这是不是德国人发现了他身份的可疑而故意离间自己和英国的关系？纠结、混乱，一时间也理不出头绪。

意外还没完，几乎就在同时，英国上司米尔斯通知他，他已经被秘密授予大英帝国勋章。如果这两个勋章能够同时公开佩戴在一个人的身上，那么，他加西亚无疑是历史上唯一一个在宴会服上佩戴两个敌对国勋章的人。

很多事情是不能用言语表达的，但是不代表人的心里感觉不出来。

不管事情最后的结局如何，一定不能让自己的一生留下遗憾。

当时盟军登陆已经成功，战争形势彻底逆转，德国的败亡已经不远，胜利的结果也已可以预见，唯有自己的处境越发危险。加西亚是个机智聪明的人，他知道自己能够做成什么，更知道自己做不到什么，"知人者智，自知者明。"加西亚很明智地发现：在德军节节败退的情况下不停地发送制造混乱的虚假信息，而不让德国方面起疑心，已经无异于天方夜谭了。

纳粹德国的报复手段也是迅猛如雷电，他们疯狂扫荡了欧洲的盟军情报组织，把他们掌握的敌方情报员全部抓获，英国情报员损失惨重。加西亚撤退的时机稍纵即逝。

原本的生活也是毫无波澜的，谁能想到这个相貌平平，毫不起眼的普通人竟靠自己的力量打入英、德两国的间谍机构，还获得了普通人穷其一生都不可能获得的荣耀，绚烂过后，归于平淡，这或许是个更好的选择。

人生的轨迹常常在不经意间就走向了转弯，要不是该死的战争，"嘉宝"没准现在正在祖国西班牙自己的家乡巴塞罗那当着小老板，平平淡淡终老此生。可是他没有按着这一轨迹，而是加入了一条隐秘战线，厮杀拼搏，创造了感人肺腑的辉煌战绩。现在胜利在望，他也有机会做回从前的自己。

人类的通病总是寄望美好的未来而忘记手上的真实，未来不会自己改变，全靠自己迈开步伐向前，前方会有不同的视野，只要努力创造，那一天没准就在不远处，迈步就能看到。"嘉宝"要在德国反间机关动手前，提前对自己下手。

德国情报机构在此时可谓是屋漏偏逢连夜雨。在他们所掌管的隐蔽战场上损失惨重，他们隐约察觉到，不仅是德国反间谍部门正在搜捕帝国的情报人员们，在对方的地盘上也正在同样如火如荼地进行着大搜捕。众多特工在盟军在正面战场上高歌猛进的时候在敌人后方栽了跟头，英国加强管制和监察使生活在这里的间谍们已经无法正常搜集情报，甚至连移动自己的位置都举步维艰。更加让德国人痛心的是，没过多久，连一向小心谨慎地隐蔽自己的重量级特工"阿拉贝尔"也被英国反间谍机构发现并逮捕了。

没有人知道，这位代号"阿拉贝尔"的德国间谍不是别人，正是在英国情报界内部代号"嘉宝"的双面间谍加西亚。这次抓捕其实就是他和自己的英国上级主管米尔斯安排给德国人看的一场谢幕好戏。

因为多年来一直在外国从事着危险的情报工作，加西亚尽管建立了不少功勋和贡献，但是激烈的智慧对抗和操劳已经极大地伤害了他的健康，为此，在已经无需继续组织大规模的欺骗行动而德国也已经在情报战线上转入守势的状态下，他提出了辞职申请。经过考虑，米尔斯同意"嘉宝"以这种方式撤退，也是因为有之前的教训，德占区的情报员几乎丧失殆尽。深受纳粹德国信赖的双重间谍"珍宝"、"三轮车"、"布鲁特斯"竟然全都是英国特工，德国人为此十分愤怒，因而大举进行了报复，英国现在要做的，就是要尽量在敌人的魔掌下抢救幸存的特工。

德国反间处把已经掌握的英国特工杀光，这时"嘉宝"在英国出事，像是英国对德国人报复行动的反应。既证实了"嘉宝"是为德国人效力的，又不让德国情报组织继续追查"嘉宝"在德国情报机构的行动。

由于这位间谍的特殊性和重要性，德国方面对他被捕的消息十分关注，用各种方式想要确认这一点究竟是真是假。而当形容憔悴、面容枯槁、形销骨立的加西亚出现在媒体上，并公开发表声名承认自己是德国间谍时，德国人都被震惊了。他在这次公开露面的过程当中承认了自己的间谍活动，但是顽固地不肯承认自己的行为是非法的和恶劣的。他强调两军对垒，兵不厌诈，间谍的活动是非常合理而常见的，在战争进行的过程中各为其主，只要能置对手于死地，可以无所不用其极。身为间谍，他效忠的对象就是英国的敌人，他的行为越是能够造成盟军的损失，越说明他生存的有价值。因此，这根本不能被当做是英国人对他处以极刑的理由。

加西亚的演技一如既往的出色，英国的各大媒体也异常配合，毫不费力地刻意将"阿拉贝尔"的本意进行了"歪曲"和"着重强调"，这样一番在德国人听来明明是慷慨激昂的"爱国"宣言，偏偏被他们当作供词，视为"阿拉贝尔"对自己的不法罪行全部供认。不知内情的德国方面的人们都被盟军这种"恶行"激怒了，有些事情还是不知道真相会比较幸福。第三帝国的情报头子们为"阿拉贝尔"的陷落感到惋惜，多少第三帝国的精英在为之扼腕叹息，为帝国已经堕落到这种地步还有如此忠诚的卫士感到骄傲和自豪。

不过，对他们来说唯一值得庆幸的事情是，从加西亚的公开谈话里，他们得到了这样一个被隐晦表达出来的信息，那就是：他还有许多志同道合的同路人，而这些明显指代的是他手下情报网成员的人们还会接过他的责任，继续前行。

为了能在加西亚"牺牲"之后让这个情报网继续为德国出力，在资金已经捉襟见肘的情况下，德国情报部门还是东拼西凑找出压箱底的30多万美元，透过在英国地下残存的关系转移到加西亚一位代替他成为在德国联络人的情报员名下，用以支持他辛苦建立并费心保留下的这张珍贵的情报网。

这场戏看来真是感动德国老板了，实际情况却是：加西亚的所谓情报网、情报员都是他一手杜撰出来的，根本就是子虚乌有，从一开始他的组织根本就只有他一个人。

加西亚连撤退都不放过德国人，临走还要大敲一笔，把德国人压箱底的钱都骗出来了。世上没有不透风的墙，别看德国人现在感动得一塌糊涂，万一哪天他们知道了真相，无论走到哪里，他们也会追杀自己。与其等德国人反过味儿来，下达追杀令，不如自己先一死了之，让纳粹余孽懊悔终生好了。所以他导演了一场假死脱身的戏。

世上再没有加西亚，那个曾经叱咤风云、玩弄德国人于毫不手软的危险间谍，他已经死了，现在活着的只是一个平凡人，一个体验过战争伤痛，在世为人，不愿参与世事纷争，看破红尘的隐逸之士。他的家人也不会知道他的以前的事。

当人们习惯了"他"和加西亚同时存在的时候，就该公布加西亚的死讯了。他隐居10多年后，通过一个过去的同事把他在安哥拉死于疟疾的消息散播出去，加西亚死了，"他"其实还没死，他已经不再是过去的他了，而是回到更早之前的那个他，一个平凡的人。

加西亚会从此湮没无闻，埋没在历史的长河中，岁月流逝，人们过惯了平静的日子，也会怀念充满年少激情的岁月，神秘的间谍更是人们争相追捧的对象。潜伏着的间谍也渐渐浮出水面。

伊恩·弗莱明在牙买加隐居时，想起从前的同事，不甘寂寞，创作起了小说，他笔下的"007"兼有多个同事的经历；生活在法国南面的波波夫在一个小镇里，也写着自己的回忆录。当这些书籍出版的时候，又在世界掀起了一轮间谍热。

假死之后，加西亚又平静地度过了20多年，诺曼底登陆战役40周年庆时，他出席了在诺曼底海滩举行的纪念仪式。诺曼底登陆的周年庆几乎每年都要举办，加西亚从来没参加过，只有这次例外，4年后他就去世了，这次是他在世的最后一次大庆，不知是否是出于特工的敏感，他提前预见到了这些。

最惊奇的要数加西亚的孩子，他们从来不知道沉默寡言的父亲竟然是曾经的"谍王"，而他竟然从来没对任何人说起过，甚至他的孩子。他们还是在广播中播放的英雄故事里听到的，没想到崇拜了多年的特工，原来就在自己身边，而且还是自己的父亲。这之后，他又归于平凡，4年之后，他在委内瑞拉安详地离开了这个世界。